Der Fächer ist seit je ein sehr persönlicher Gegenstand für die spanische Frau. Die Damen gebrauchten ihn, um ihre Eleganz zu zeigen – oder als Mittel der Koketterie. In den Händen einer Flamencosängerin drückt der Fächer bald Freude, bald dramatischen Schmerz aus. Seine ursprüngliche Rolle spielt er, wenn er, hin und her geschwenkt, seine Besitzerin von schwüler Hitze befreit.

Das Wort Fächer wird auch im übertragenen Sinne verwendet. Man spricht vom Fächer der Möglichkeiten etwa im Programm der Attraktionen eines Urlaubsortes oder im kulturellen Angebot einer Stadt – und ebenso vom Fächer der Themen in einem Buch.

Dieses zweisprachige Buch berichtet in 35 kleinen Geschichten über einiges, was allen Deutschen als «typisch spanisch» bekannt ist – zum Beispiel Stierkampf, Paella, Carmen – und über einiges weniger oder überhaupt nicht Bekannte. Es vermittelt keine vollständige Vorstellung von Spanien, sondern bietet nur einzelne Bilder. Bildstreifen, gefächert.

Die Autorin Mercedes Mateo Sanz ist Lehrerin und hat sechs Jahre spanische Sprache und Kultur in Hamburg unterrichtet. Die Übersetzerin Birgit Heerde ist Spanischlehrerin in derselben Stadt.

ABANICO ESPAÑOL

SPANIEN IN KLEINEN GESCHICHTEN

erzählt von Mercedes Mateo Sanz
übersetzt von Birgit Heerde
illustriert von Louise Oldenbourg

Deutscher Taschenbuch Verlag

dtv zweisprachig · Edition Langewiesche-Brandt
herausgegeben von Kristof Wachinger

Originalausgabe
1. Auflage 1995. 6. Auflage Juni 2001
© Deutscher Taschenbuch Verlag GmbH & Co. KG, München
www.dtv.de
Umschlagkonzept: Balk & Brumshagen
Umschlagbild: Louise Oldenbourg
Gesamtherstellung: Kösel, Kempten
Gedruckt auf säurefreiem, chlorfrei gebleichtem Papier
ISBN 3-423-09329-3. Printed in Germany

Datos geográficos

España está situada en el suroeste de Europa. Forma, junto con Portugal, la Península Ibérica. Está rodeada por el mar Mediterráneo, el océano Atlántico y el mar Cantábrico. En el noreste de la Península los Pirineos forman una frontera natural con Francia.

España tiene una superficie de más de 500.000 kilómetros cuadrados, incluyendo los archipiélagos de las Baleares y las Canarias. Además, las ciudades de Ceuta y Melilla, situadas en las costas de Marruecos, enfrente de Andalucía, pertenecen al territorio español.

En el centro geográfico de la Península está la capital de España, Madrid.

En España hay dos zonas horarias: la hora de Europa Central es válida para la Península y Baleares, mientras que las Islas Canarias se orientan por la hora de Greenwich, que cuenta con una hora menos.

Las costas de España tienen una longitud de 6000 kilómetros, si incluimos las insulares. Gran parte de ellas tienen un carácter rocoso y se elevan directamente sobre el mar.

La Meseta ocupa gran parte del relieve de la Península Ibérica. Tiene una altitud media de unos 700 metros. Está rodeada por una serie de cadenas

Geografische Angaben

Spanien liegt im südwestlichen Teil Europas; es bildet zusammen mit Portugal die Iberische Halbinsel. Die Halbinsel wird vom Mittelmeer, vom Atlantischen Ozean und vom Kantabrischen Meer umgeben. Im Nordosten der Halbinsel bilden die Pyrenäen eine natürliche Grenze zu Frankreich.

Die Fläche Spaniens beträgt mehr als 500.000 Quadratkilometer einschließlich der Inselgruppen der Balearen und der Kanarischen Inseln. Zum spanischen Staatsgebiet gehören außerdem die zwei Städte Ceuta und Melilla, die an der marokkanischen Küste gegenüber von Andalusien liegen.

In der geografischen Mitte der Halbinsel befindet sich die Hauptstadt Spaniens: Madrid.

In Spanien gelten zwei Zeitzonen: auf der Halbinsel selbst und auf den Balearen gilt die Mitteleuropäische Zeit (MEZ), während man sich auf den Kanarischen Inseln nach der Greenwich-Zeit richtet, also eine Stunde hinterher ist.

Die Küsten Spaniens haben zusammen mit den Inseln eine Länge von mehr als 6000 Kilometer. Große Strecken der Küsten sind sehr felsig: hier steigen unmittelbar aus dem Meer Gebirge auf.

Die Meseta ist eine Hochebene, die einen großen Teil der Iberischen Halbinsel einnimmt. Ihre durchschnittliche Höhe beträgt um die 700 Meter. Die Hochebene ist von

montañosas, en cuyos picos más altos se puede ver nieve durante todo el año.

El monte más alto de la Península es el Mulhacén, de 3478 metros, que se halla en Andalucía. Pero la montaña más alta de toda España está en la isla canaria de Tenerife: es el Teide, un volcán de 3718 metros de altura.

Los ríos más importantes de España son el Ebro, el Duero, el Tajo y el Guadalquivir.

La España de las Autonomías

Tras la restauración de la democracia en España, nuestra Constitución – aprobada en 1978 – quiso reconocer la fuerte personalidad de las diversas regiones españolas, instituyendo las llamadas Comunidades Autónomas.

Con ello se daba por terminado el anterior modelo de Estado, centralizado en Madrid, basado en el sistema francés y que había estado en funcionamiento desde mediados del siglo XIX.

Cada Comunidad Autónoma gobierna y administra su propio territorio. El Estado central se reserva las competencias de defensa, justicia, política exterior y recaudación general de impuestos.

Diecisiete Comunidades Autónomas forman el nuevo Estado. Dos de ellas, Baleares y Canarias, están formadas por islas. En la Península, junto a pequeños territorios de una sola provincia, como Cantabria o La Rioja, hay otras que superan en dimensiones a algunos Estados europeos: Castilla-León, con sus más de 94.000 km^2, iguala en extensión a Austria.

Las Comunidades Autónomas de España son las siguientes:

verschiedenen Gebirgsketten umgeben; während des ganzen Jahres kann man dort auf den höchsten Bergspitzen Schnee liegen sehen.

Der höchste Gipfel der Halbinsel ist mit 3478 Metern der Mulhacén in Andalusien. Aber der höchste Berg Spaniens liegt auf der Kanarischen Insel Teneriffa: es ist der Teide, ein Vulkan von 3718 Metern Höhe.

Die wichtigsten Flüsse Spaniens sind der Ebro, der Duero, der Tajo und der Guadalquivir.

Spaniens Autonomien

Nach der Wiederherstellung der Demokratie in Spanien wollte unsere Verfassung – sie ist seit dem Jahre 1978 in Kraft – die ausgeprägten Eigenheiten der verschiedenen Regionen Spaniens anerkennen, indem sie die sogenannten Autonomen Gemeinschaften schuf.

Damit war die vorherige Staatskonstruktion beendet, die seit der Mitte des 19. Jahrhunderts, nach französischem Muster, zentralistisch gewesen war: Bis 1978 wurde das gesamte staatliche Geschehen von Madrid aus bestimmt.

Nun regiert und verwaltet jede Autonome Gemeinschaft ihr eigenes Gebiet. Der Zentralregierung ist die Zuständigkeit für die Verteidigung, die Justiz, die Außenpolitik und die gesamtstaatlichen Steuern vorbehalten.

Siebzehn Autonome Gemeinschaften bilden den neuen Staat. Zwei von ihnen, die Balearen und die Kanaren, bestehen aus Inselgruppen. Auf der Halbinsel gibt es neben den Gebieten, die nur aus einer einzigen Provinz bestehen wie Cantabrien oder La Rioja, andere, die an Größe einige europäische Staaten übertreffen: Kastilien-Leon mit seinen mehr als 94.000 qkm hat die gleiche Ausdehnung wie Österreich.

Die Autonomen Gemeinschaften Spaniens sind die folgenden:

1. Andalucía
2. Aragón
3. Asturias
4. Baleares
5. Canarias
6. Cantabria
7. Castilla-La Mancha
8. Castilla-León
9. Cataluña
10. Comunidad Valenciana
11. Extremadura
12. Galicia
13. La Rioja
14. Madrid
15. Murcia
16. Navarra
17. País Vasco

1. Andalusien
2. Aragonien
3. Asturien
4. Balearen
5. Kanarische Inseln
6. Kantabrien
7. Kastilien-La Mancha
8. Kastilien-Leon
9. Katalonien
10. Valencianische Gemeinschaft
11. Extremadura
12. Galicien
13. Rioja
14. Madrid
15. Murcia
16. Navarra
17. Baskenland

Las lenguas de España

Cuando los romanos invadieron la Península Ibérica, la superior cultura de los invasores frente a la de los pueblos iberos hizo que estos adoptaran las costumbres y usos sociales romanos, así como su sistema administrativo y judicial y sobre todo su idioma: el latín.

Tras un periodo inicial de bilingüismo, terminaron perdiéndose prácticamente las lenguas primitivas: ibéricas, célticas y tartésicas. La mezcla del latín con algunos rasgos de éstas dio lugar a las tres lenguas románicas que aún se hablan en España: el castellano, el catalán y el gallego. Sólo los vascos conservaron su idioma, el vasco o «euskera», cuyo origen se desconoce.

El catalán se habla en Cataluña, Valencia y en las Baleares. También en Andorra y en el Alguer (Cerdeña). En total lo hablan unos seis millones de personas.

El gallego lo hablan en Galicia unos dos millones de personas.

El vasco se habla en el País Vasco (español y francés) y en el Norte de Navarra.

El castellano (también llamado español) se habla, como única lengua, en el resto de España y en la mayoría de los paises de Latinoamérica. Además, como lengua oficial – entendida por todos – en las Comunidades Autónomas arriba mencionadas.

Si bien la mayor parte de los medios de comunicación utilizan el castellano en toda España, en las zonas donde se habla catalán, gallego y vasco se emiten, además, algunos programas de radio y televisión en lengua vernácula. También se publican en dichas lenguas una gran variedad de libros y algún periódico.

Por tener su origen en el latín, todas las lenguas

Die Sprachen Spaniens

Als die Römer auf die Iberische Halbinsel vordrangen, brachten sie ihre Kultur mit, die der des iberischen Volkes überlegen war. Die Iberer übernahmen römische Sitten, Gebräuche und gesellschaftliche Normen wie das Verwaltungs- und Rechtssystem und vor allem die Sprache der Römer: das Lateinische.

Die erste Zeit verlief zweisprachig, doch bald gingen die alten Sprachen – Iberisch, Keltisch, Tartesisch – fast vollständig verloren. Das Lateinische, gemischt mit einigen Resten dieser alten Sprachen, ist die Grundlage der drei romanischen Sprachen, die man heute in Spanien spricht: Kastilisch, Katalanisch und Galicisch. Lediglich die Basken konnten ihre Sprache, das Baskische oder «Euskera», bewahren. Der Ursprung dieser Sprache ist unbekannt.

Katalanisch wird in Katalonien, Valencia und auf den Balearen, sowie in Andorra und in Alguer (Sardinien) gesprochen. Insgesamt sprechen es ungefähr sechs Millionen Menschen.

Galicisch sprechen ungefähr zwei Millionen Menschen in Galicien.

Baskisch wird im spanischen und französischen Baskenland und im Norden von Navarra gesprochen.

Kastilisch, auch Spanisch genannt, wird im übrigen Spanien als einzige Sprache und in den meisten lateinamerikanischen Ländern gesprochen. Außerdem ist es die offizielle Sprache in den oben genannten Autonomen Gemeinschaften, die dort jeder versteht.

Die meisten Kommunikationsmedien verwenden in ganz Spanien die spanische Sprache, in den katalanisch-, galicisch- und baskischsprachigen Regionen werden außerdem einige Rundfunk- und Fernsehprogramme in der Heimatsprache gesendet. Auch werden eine große Zahl von Büchern und einige Zeitungen in den jeweiligen Sprachen veröffentlicht.

Im folgenden Absatz kann man gut erkennen, wie alle

españolas (excepto el vasco) tienen rasgos comunes, como se puede apreciar en el párrafo siguiente, tomado de la Constitución, escrito en las cuatro lenguas:

Castellano «La riqueza de las distintas modalidades lingüísticas de España es un patrimonio cultural que será objeto de especial respeto y protección.»

Catalán «La riquesa de les diferents modalitats llingüístiques d'Espanya és un patrimoni cultural que serà objecte d'especial respecte i protecció.»

Gallego «A riqueza das distintas modalidades lingüísticas de España é un patrimonio cultural que será obxecto de especial respeto e protección.»

Vasco «Espainiako hizkuntza moeta ezberdinen aberastasuna kultur ondare bat da eta hura babes eta begirunegarri izango da.»

Dos besos como saludo

Si va usted a España, le resultará sorprendente lo mucho que allí se besa la gente. (Hablamos de los besos amistosos, no de los íntimos que se dan los enamorados en privado).

El saludo de ritual consiste en dos besos: uno en cada mejilla. Aunque se trata más bien de dos besos lanzados al aire, mientras se rozan ligeramente las mejillas.

Esta moda de los besos empezó en España a finales de los 70, y desde entonces ha pasado a ser una costumbre muy generalizada. Hasta hace unos años, el beso como saludo era algo reservado exclusivamente para las señoras y los miembros de la

spanischen Sprachen gemeinsame Merkmale aufweisen, da sie ihre Wurzeln im Latein haben – außer dem Baskischen. Der in den vier Sprachen wiedergegebene Text ist ein Satz aus der spanischen Verfassung:

«Der Reichtum der verschiedenen Ausprägungen der Sprache ist ein Kulturerbe, das besondere Beachtung und besonderen Schutz verdient.»

Zwei Begrüßungsküsse

Wenn Sie Ihre Ferien in Spanien verbringen, wird es Sie wohl überraschen, wie oft sich die Leute in Spanien küssen. (Wir sprechen hier von den freundschaftlich gemeinten Küssen, nicht von den intimen Küssen der Liebenden.)
Die ritualisierte Begrüßung besteht aus zwei Küssen: einen auf jede Wange. Freilich handelt es sich eher um zwei Küsse ins Leere, während sich die Wangen leicht berühren.
Diese Gepflogenheit, sich zwei Küsse zu geben, begann in Spanien Ende der 70er Jahre und ist seitdem zu einer weit verbreiteten Gewohnheit geworden. Bis vor einigen Jahren war der Begrüßungskuss ausschließlich älteren Damen und Familienmitgliedern vorbehalten. Heute

familia. Hoy en día también es normal saludarse de este modo entre hombres y mujeres, excepto en las relaciones de tipo oficial.

Así cada vez que una mujer se encuentra con un grupo de amigos empieza a repartir besitos entre todos los presentes: uno en la mejilla derecha y otro en la izquierda, ¡en este orden exactamente! También es corriente ver como los alumnos besan a su profesora, las atletas a su entrenador o los compañeros de trabajo de distinto sexo para saludarse se besan unos a otros, pero no entre los hombres, pues ellos no se besan, sino que se palmotean con firmeza la espalda a modo de saludo.

Para los españoles los sentimientos de cariño y amistad son muy importantes, pero quizá más aún el poder demostrarlos.

Como la costumbre de los dos besos no está igualmente arraigada en otros países, algunas veces puede dar lugar a escenas como ésta:

(Hans y Pilar se encuentran de nuevo en la playa, donde se conocieron el verano anterior.)
Pilar. – (Ignorando la mano extendida de Hans y saludándole con dos besos) ¡Hola! ¡Qué tal! ¿Cómo estás?
Hans. – (Apresurándose a retirar la mano, tras recibir sorprendido – y sin corresponder – los dos besos de rigor) Bien ... muy bien. ¿Y tú?
(Los dos terminan echándose a reir)

Sin duda la próxima vez estará ya Hans más adaptado al ritual español de los dos besos y la escena saldrá mejor.

begrüßen sich auch Männer und Frauen auf diese Weise – außer wenn die Begegnung einen offiziellen Charakter hat.

So kommt es, dass eine Frau, jedesmal wenn sie sich mit ihren Freunden und Freundinnen trifft, anfängt, Küsschen an alle bereits Anwesenden zu verteilen: eins auf die rechte Wange und eins auf die linke – genau in dieser Reihenfolge! Aber man kann auch überall sehen, wie Schülerinnen und Schüler sich mit ihrer Lehrerin bei der Begrüßung küssen, die Athletinnen mit ihrem Trainer, oder die Arbeitskolleginnen mit ihren Arbeitskollegen. Männer allerdings küssen sich nicht, sondern klopfen sich zur Begrüßung auf die Schultern.

Für die Spanier sind die Gefühle der Zuneigung und der Freundschaft sehr wichtig, aber vielleicht noch wichtiger ist es, Zuneigung demonstrieren zu können.

Da diese Gepflogenheit in anderen Ländern nicht genauso verwurzelt ist, kann es manchmal zu folgender Situation kommen:

(Hans und Pilar treffen sich am Strand wieder, an dem sie sich im letzten Sommer kennenlernten.)
Pilar (übersieht die ausgestreckte Hand von Hans und begrüßt ihn mit zwei Küssen) Hallo, na, wie geht's dir denn?
Hans (beeilt sich, seine Hand zurückzuziehen, nachdem er völlig überrascht die beiden unerlässlichen Küsse erhalten hat, ohne sie zu erwidern.) Gut, sehr gut. Und dir?
(Beide fangen an zu lachen.)

Ohne Zweifel wird sich Hans beim nächsten Mal schon an die spanische Sitte angepasst haben, und die Begrüßung wird ihm besser gelingen.

La paella

La paella es el plato más famoso de la cocina española. Para degustar la auténtica paella se debe ir a Valencia, aunque se puede comer paella en cualquier región española.

La base de la paella es el arroz, que se cultiva en gran cantidad en los arrozales de la Albufera de Valencia.

En un principio, las mujeres hacían paellas al aire libre, sirviendo de comida a los campesinos en tiempo de cosecha. Las cocinaban al fuego en una paellera: especie de sartén muy ancha y poco profunda, con dos asas, que continúa utilizándose hoy en día.

La paella valenciana suele llevar azafrán, judías verdes, guisantes, carne de pollo y de conejo y, a veces, mariscos. Se fríe la carne con las legumbres en abundante aceite de oliva y se añade el arroz con el caldo y el azafrán hasta que se consuma el líquido. Por encima se colocan, como adorno, rodajas de limón, y gambas y mejillones, si es de mariscos.

La paella es una comida que se presta a las reuniones sociales. Es muy frecuente comer paella los domingos, estando toda la familia reunida, o con los amigos en un restaurante, para celebrar algo.

La paella más grande que se ha cocinado en todo el mundo fue la que se hizo durante las Fallas de Valencia, en marzo de 1992, sobre el antiguo cauce del río Turia. Se utilizaron 5000 kilos de arroz, 6250 kilos de carne y 1600 kilos de judías verdes. Se repartió gratuitamente entre el público y pudieron comer más de 100.000 personas.

Y les puedo asegurar que estaba muy buena porque yo misma la probé.

Die Paella

Das berühmteste Gericht der spanischen Küche ist die Paella. Um die echte Paella zu kosten, muss man nach Valencia fahren, obwohl man Paella in jeder spanischen Region essen kann.

Die Grundlage der Paella ist Reis, der in großen Mengen in den Reisfeldern von La Albufera bei Valencia angebaut wird.

Ursprünglich bereiteten die Frauen die Paella unter freiem Himmel zu, damit die Bauern auf dem Feld zur Erntezeit zu essen hatten. Auf einer Feuerstelle kochten sie die Paella in einer Paellera: einer sehr breiten, flachen Pfanne mit zwei Henkeln. Auch heutzutage wird die Paellera – oder einfach Paella – noch verwendet.

Die Zutaten für die Valencianische Paella sind Safran, grüne Bohnen, Erbsen, Hühner- und Kaninchenfleisch und manchmal Schalentiere. Das Fleisch wird mit dem Gemüse in reichlich Olivenöl angebraten, Reis, Brühe und Safran werden hinzugefügt und alles zusammen wird gekocht, bis die Flüssigkeit verdampft ist. Obendrein verziert man die Paella mit Zitronenscheiben, und wenn sie Meeresfrüchte enthält, mit Hummerkrabben und Miesmuscheln.

Paella ist ein geselliges Gericht. Häufig wird die Paella an Sonntagen gegessen, wenn die ganze Familie zusammenkommt oder wenn mit Freunden im Restaurant etwas gefeiert wird.

Die größte Paella, die man in der ganzen Welt je gekocht hat, gab es im März 1992 während der «Fallas» in Valencia im alten Flussbett des Turia. Man verbrauchte 5000 Kilogramm Reis, 6250 Kilogramm Fleisch und 1600 Kilogramm Brechbohnen. Diese Riesenpaella wurde kostenlos unter das Publikum verteilt; es konnten mehr als 100.000 Personen davon essen.

Ich kann Ihnen versichern, dass sie gut war, denn ich habe sie selber gekostet.

La Feria de Abril de Sevilla

Los visitantes que fueron a Sevilla para ver la Exposición Universal de 1992, se encontraron con una ciudad amplia y moderna, con múltiples edificios nuevos, en la que se podían admirar los mayores adelantos técnicos de la humanidad.

Tal vez algunos, con más tiempo, tuvieron la suerte de poder conocer la otra Sevilla, «la verdarera», me atrevería a decir. La ciudad de los barrios antiguos, misteriosos y llenos de embrujo, como el Barrio de Santa Cruz. Es también la ciudad de la Giralda, famosa torre mora de su catedral; una de las más hermosas de España, cuando se contempla en una noche de luna llena.

Sevilla ha servido de escenario y argumento para muchos poemas, novelas, dramas y óperas. Entre ellas «Don Giovanni» (basada en nuestro, españolísimo Don Juan), «El barbero de Sevilla» y «Carmen».

Sin embargo no conocerá el alma de Sevilla quien no la visite durante los días de su fiesta mayor: la Feria de Abril.

Nació en el siglo pasado como una feria de ganado. Las familias sevillanas se trasladaban a las afueras y allí vivían en unas «casetas» o pabellones de lona – con mesas, sillas y una pequeña cocina – donde invitaban a sus amigos.

La Feria empieza después de Semana Santa y dura una semana. Cada día tiene tres partes bien diferenciadas: la mañana, con los paseos a caballo o en carruajes, la tarde, con la corrida de toros y, la más importante, la noche. Por la noche el movimiento en el Real de la Feria es algo que aturde y fascina a la vez: miles de luces iluminan el paseo con las casetas adornadas con flores, banderas, farolillos y guirnaldas de colores. Hermosas mujeres

Die Feria de Abril von Sevilla

Die Besucher, die zur Weltausstellung Expo 92 nach Sevilla fuhren, haben eine großzügig angelegte, moderne Stadt mit vielen neuen Gebäuden vorgefunden und konnten die größten technischen Errungenschaften der Menschheit bewundern.

Vielleicht gab es einige Besucher mit mehr Zeit, die das Glück hatten, das andere Sevilla kennenzulernen, «das echte», wie ich zu behaupten wage: das ist seine Altstadt, geheimnisvoll und voller Zauber, zum Beispiel das Santa-Cruz-Viertel.

Es ist aber auch die Stadt der Giralda, des berühmten maurischen Turms der Kathedrale von Sevilla. Das ist eine der schönsten in ganz Spanien, wenn man sie in einer Vollmondnacht anschaut.

Sevilla ist Schauplatz und Handlungsort vieler Gedichte, Romane, Dramen und Opern. Unter anderen spielen hier «Don Giovanni» (basierend auf unserem allerspanischsten Don Juan), «Der Barbier von Sevilla» und «Carmen».

Doch die Seele von Sevilla wird nur kennenlernen, wer die Stadt während der Tage ihres Hauptfestes, der Feria de Abril, besucht.

Die Feria de Abril entstand im vergangenen Jahrhundert aus einem Viehmarkt. Die sevillanischen Familien zogen für diese Tage mit Tischen, Stühlen und einem kleinen Herd aus der Stadt hinaus und lebten in Jahrmarktbuden oder großen Zelten, wohin sie auch ihre Freunde einluden.

Die Feria beginnt nach der Osterwoche und dauert eine Woche. Jeder Tag hat drei klar getrennte Teile: den Morgen mit den Spazierausritten oder Kutschenfahrten, den Nachmittag mit dem Stierkampf, und den wichtigsten Teil: die Nacht. Das nächtliche Menschengewirr auf dem Festplatz «Real de la Feria» macht einen benommen und fasziniert einen zugleich. Tausende von Lichtern beleuchten den Weg zwischen den Buden, die mit Blumen, Fahnen, Lampions und bunten Girlanden geschmückt sind. Hübsche

de ojos negros lucen sus vistosos trajes de sevillana. Hombres con sombrero cordobés pasan montados a caballo. Las vendedoras de claveles pregonan su mercancía y las gitanas echan la buena ventura. Dentro y fuera de las casetas se bailan sevillanas, se charla y se bebe mucho vino, sobre todo los típicos «manzanilla» y «fino». Bullicio, colorido y delirio impregnan el ambiente.

Ya de madrugada, pasadas las 6 ó las 7 de la mañana, se irá la gente a dormir unas horas, para reponer fuerzas y poder empezar más tarde una nueva jornada festiva.

Frauen mit dunklen Augen zeigen sich in ihren prächtigen Flamenco-Kleidern. Männer mit breitkrempigen schwarzen Córdoba-Hüten ziehen hoch zu Pferde vorbei. Nelkenverkäuferinnen preisen ihre Waren an, und Zigeunerinnen spielen Glücksfee. In und vor den Häusern werden Sevillanas getanzt, und es wird geplaudert und viel Wein getrunken, vor allem die typischen Sherrysorten Manzanilla und Fino. Es ist ein Rausch von Lärm und Farben.

In der Morgendämmerung, nach sechs oder sieben Uhr, werden die Leute einige Stunden schlafen gehen, um wieder zu Kräften zu kommen und später einen neuen Festtag anfangen zu können.

Cristóbal Colón

Pocos personajes de la Historia han sido tan discutidos y enigmáticos como Cristóbal Colón.

¿Dónde nació realmente? ¿Cómo vivió hasta la época previa al descubrimiento? ¿Qué buscaba con sus viajes hacia Occidente por el Atlántico? ¿Dónde están enterrados sus restos mortales?

Colón ha sido considerado italiano, portugués, griego y español. Sin embargo, la teoría más aceptada es la de que nació en Génova.

De su vida antes del descubrimiento se sabe muy poco. Parece ser que desde muy joven se dedicó a la navegación por el Mediterráneo y el Atlántico, trabajando para diversas compañías mercantiles. Más tarde se estableció en Portugal, donde se casó.

Maduró su proyecto de llegar a las costas de Asia navegando hacia el Oeste, basándose en lecturas geográficas antiguas, sobre todo las aventuras de Marco Polo. Además debió de estudiar en profundidad los conocimientos geográficos e instrumentos de navegación de la época: El sabía ya que la Tierra era redonda y conocía el uso de la brújula y del astrolabio, entre otros aparatos.

El rey de Portugal rechazó su proyecto y Colón lo presentó en España a los Reyes Católicos. Pretendía llegar al Extremo Oriente en busca de las especias, tan apreciadas en su tiempo. Para ello necesitaba que un Estado le protegiese y financiase su expedición. Tras muchas dificultades, los Reyes Católicos aceptaron su proyecto. Según algunas teorías, más bien románticas, la reina pudo haber facilitado el viaje a Colón por existir entre ellos algún tipo de relación sentimental.

Colón embarcó con tres carabelas y 120 hombres el 3 de agosto de 1492. Tras setenta días de navegación, el 12 de octubre llegaron a una isla de Cen-

Christoph Kolumbus

Wenige historische Persönlichkeiten sind so umstritten und rätselhaft wie Christoph Kolumbus.

Wo ist er wirklich geboren? Wie lebte er bis zu seiner Entdeckungsreise? Was suchte er auf seiner Atlantikfahrt in Richtung Westen? Wo ist er begraben?

Kolumbus galt abwechselnd als Italiener, Portugiese, Grieche und Spanier. Doch die heute allgemein anerkannte Meinung ist, dass er in Genua geboren wurde.

Von seinem Leben vor der Entdeckung weiß man sehr wenig. Es scheint so zu sein, dass er sich bereits in jungen Jahren der Schiffahrt auf dem Mittelmeer und dem Atlantik zugewandt hatte, indem er für verschiedene Handelsflotten arbeitete; und dass er sich dann in Portugal niederließ, wo er auch heiratete.

Die Lektüre alter geografischer Bücher, insbesondere die Abenteuer des Marco Polo brachten ihn auf die Idee, dass die Küsten Asiens zu erreichen wären, wenn man nach Westen segelte. Er muss sich außerdem gründlich mit den geografischen Erkenntnissen und den Navigationsinstrumenten seiner Epoche beschäftigt haben: Er wusste, dass die Erde rund ist und wie man den Kompass und das Astrolabium benutzt.

Der König von Portugal lehnte den Plan ab, und Kolumbus trug ihn den Katholischen Königen von Spanien vor. Er gedachte im Fernen Osten nach Gewürzen zu suchen, die ein bedeutender Gegenstand des Handels waren. Für die Unternehmung war es nötig, dass ein Staat als Schutzmacht und Geldgeber dahinterstand. Nach vielen schwierigen Verhandlungen stimmten die Katholischen Könige zu. Romantisch gestimmte Forscher meinen, dass die Königin das Unternehmen begünstigt habe, weil zwischen ihr und Kolumbus eine persönliche Zuneigung entstanden war.

Kolumbus schiffte sich mit drei Karavellen und 120 Männern am 3. August 1492 ein. Nach siebzig Tagen Segelfahrt landeten sie am 12. Oktober auf einer Insel in

troamérica, la actual San Salvador. Colón había descubierto un Nuevo Continente. El estaba convencido, sin embargo, de que había llegado a una isla próxima a Japón.

Posteriormente realizó otros tres viajes, en los que fue descubriendo nuevas tierras de América, creyendo siempre que formaban parte de Asia. Es casi seguro que los vikingos, y quizá también otros pueblos, habían llegado con anterioridad a las costas de América.

Incluso hay quien afirma que el mismo Colón ya había estado allí y lo que hacía era volver a un lugar conocido.

De cualquier manera es a partir del 12 de Octubre de 1492 cuando se descubrió oficialmente lo que para los europeos sería un Nuevo Mundo.

Colón murió en Valladolid en 1506. No reconoció en ningún momento que había descubierto un Nuevo Continente, quizá debido a su obsesión por vivir él mismo las aventuras de Marco Polo en las fabulosas tierras de Cipango y Catay (Japón y China).

No se sabe con seguridad dónde descansan sus restos mortales. ¿Está enterrado en Sevilla? ¿Fue llevado al Nuevo Continente, a la República Dominicana? ¿Reposan, quizá, sus restos en el fondo del Atlántico, llevados por las aguas del río Guadalquivir desde Sevilla? Es otro enigma sin resolver, como tantos otros en torno a Colón.

Los amantes de Teruel

En el centro de la Plaza del Torico de Teruel se puede contemplar la escultura de un pequeño toro metálico. Los que allí llegan por primera vez, al verlo, suelen exclamar: «¡Qué pequeño!» A lo que

der Karibik, die heute den Namen «San Salvador» trägt. Kolumbus hatte einen «Neuen Kontinent» entdeckt. Doch er war fest überzeugt, dass er auf einer Insel in der Nähe von Japan angekommen sei.

In den folgenden Jahren unternahm Kolumbus drei weitere Reisen, auf denen jedesmal neues Land von Amerika entdeckt wurde; noch immer dachte Kolumbus, dass es zu Asien gehöre. Es ist fast sicher, dass schon vor Jahrhunderten die Wikinger und vielleicht auch andere Völker an den Küsten Amerikas gelandet waren. Manche Historiker behaupten sogar, dass Kolumbus bereits vor seiner offiziellen Reise dort gewesen und somit an einen für ihn bekannten Ort zurückgekehrt sei.

Aber gleichviel: Für die Europäer ist und bleibt das Datum der Entdeckung der «Neuen Welt» der 12. Oktober 1492.

Kolumbus starb 1506 in Valladolid. Er selbst hat nie erkannt, dass er der Entdecker eines neuen Kontinents war. Vielleicht war er so stark in seiner fixen Idee befangen, dass er die gleichen Abenteuer erleben müsse wie Marco Polo in den fabelhaften Ländern von Cipango und Catay (Japan und China).

Man weiß nicht mit Sicherheit, wo seine sterblichen Überreste ruhen. Ist er in Sevilla begraben? Wurde er in den neuen Kontinent gebracht, in die Dominikanische Republik? Liegt er vielleicht auf dem Grund des Atlantischen Ozeans, mit dem Flusswasser des Guadalquivir von Sevilla aus hinausgespült? Es wird ein ungelöstes Rätsel bleiben wie so vieles andere um ihn herum.

Die Liebenden von Teruel

Mitten auf der Plaza del Torico, dem Platz des kleinen Stiers, in Teruel kann man die Metallskulptur eines Miniaturstiers begutachten. Fast jeder, der ihn das erste Mal sieht, ruft aus: «Oh, wie winzig», woraufhin die Terulesen

los turolenses rápidamente responden: «¡Claro, por eso se llama ‹torico›!»

Y es que en Teruel, excepto sus dos impresionantes torres mudéjares del siglo XIV, todo es pequeño.

Pero en esta ciudad hay algo que atrae la atención de un modo especial (sobre todo a las parejas de enamorados): el mausoleo de los Amantes de Teruel. Allí, según dice la leyenda, están enterrados Diego de Marcilla e Isabel de Segura, protagonistas de una trágica y romántica historia.

Los hechos tuvieron lugar en la Edad Media. Se cuenta que vivían en Teruel dos familias: los Marcilla y los Segura. La amistad que desde niños sentían sus hijos, Diego e Isabel, se convirtió más tarde en un profundo amor. El padre de la joven, sin embargo, rechazó a Diego por ser el segundón y no tener derecho a la fortuna familiar. El muchacho consiguió un plazo de cinco años para poder enriquecerse, tras lo cual, marchó a la guerra contra los moros para conseguir botín y hacienda.

Diego regresó a Teruel, cargado de gloria y de riquezas, el mismo día en que terminaba el plazo. Demasiado tarde, pues al llegar se enteró de que Isabel, siguiendo los consejos de su padre, acababa de contraer matrimonio con un poderoso caballero ese mismo día. Consiguió verla y le dijo que antes de marcharse para siempre de Teruel quería un beso de sus labios. Isabel, fiel a su marido, se lo negó. Allí mismo Diego cayó sin vida con el corazón destrozado.

Al día siguiente se celebraban los funerales por el desdichado joven. De repente, de entre la multitud, salió una mujer vestida de negro, se arrojó sobre el cadáver de Diego, besó su boca inerte y murió. Era Isabel que, presa de remordimientos, quería pagar la deuda con él contraída.

gleich erwidern: «Klar, darum wird er ja auch Stierlein genannt.»

Es ist eben so in Teruel: bis auf die zwei eindrucksvollen Türme im Mudejarstil aus dem 14. Jahrhundert, ist alles klein.

In dieser Stadt gibt es aber noch etwas, das die Aufmerksamkeit auf sich zieht, besonders die von Liebespaaren, nämlich die Grabstätte der Liebenden von Teruel. Dort sind, wie die Legende sagt, Diego de Marcilla und Isabel de Segura begraben, die Hauptpersonen einer tragischen und romantischen Geschichte.

Sie trug sich im Mittelalter zu. Es wird erzählt, dass in Teruel zwei Familien lebten, die Marcilla und die Segura. Deren Kinder, Diego und Isabel, waren seit ihrer Kindheit befreundet, und ihre Freundschaft entwickelte sich später zu einer tiefen Liebe. Der Vater des jungen Mädchens aber lehnte Diego ab, weil dieser der Zweitgeborene sei und daher kein Recht auf das familiäre Erbe habe. Der Jüngling erbat sich eine Frist von fünf Jahren, um vermögend zu werden, und zog daraufhin in den Krieg gegen die Mauren: Beutegut und Landbesitz wollte er sich verschaffen.

Diego kehrte ruhmvoll und mit Reichtümern beladen nach Teruel zurück, und zwar an dem Tag, an dem die Frist ablief. Doch es war bereits zu spät: als er ankam, erfuhr er, dass Isabel, dem Rat des Vaters folgend, gerade einen angesehenen und reichen Edelmann geheiratet hatte. Es gelang Diego, sie zu sehen, und er sagte ihr, dass er nur einen Kuss von ihren Lippen wolle, bevor er für immer von Teruel fortgehe. Isabel aber, die ihrem Gatten Treue geschworen hatte, versagte ihm den Kuss. Diego sank auf der Stelle leblos nieder: sein Herz war gebrochen.

Am folgenden Tag fanden die Begräbnisfeierlichkeiten für den unglückseligen Jüngling statt. Da trat plötzlich eine schwarz gekleidete Frau aus der Volksmenge und warf sich über den Leichnam Diegos, küsste seinen leblosen Mund und starb. Es war Isabel, voller Gewissensbisse, die auf diese Weise ihre Schuld ihm gegenüber sühnen wollte.

Los romanos en España

La conquista de Hispania fue larga y costosa para los romanos, siendo su penetración muy desigual: en la costa mediterránea la romanización fue rápida y profunda, mientras que los restantes pueblos ofrecieron una mayor resistencia. Así sucedió en Numancia (en la actual provincia de Soria), donde sus habitantes, tras luchar y defenderse durante varios años, prefirieron el suicidio colectivo antes que entregarse al invasor. Los astures y cántabros se mantuvieron rebeldes, hasta que el mismo Augusto tuvo que dirigir la última campaña para lograr dominarlos.

En los siete siglos que permanecieron en la Península, los romanos unificaron Hispania – formada hasta entonces por un conjunto de pueblos enemigos o desconectados entre sí –, introduciendo en ella su idioma: el latín, la cultura clásica griega y, más tarde, el cristianismo.

Los romanos fundaron ciudades – como Itálica y Mérida – cuyos teatros, anfiteatros y circos aún se conservan, y realizaron grandes obras de ingeniería: puentes, acueductos, murallas y vías de enlace entre las diversas regiones.

Roma supo también sacar provecho de su implantación en la Península Ibérica, explotando al máximo sus minas de oro y plata y sus riquezas agrícolas, sobre todo el trigo, el aceite y el vino.

Sin embargo, lo más valioso que recibió de Hispania fueron algunas de sus más grandes figuras históricas, como el filósofo Séneca, el poeta Marcial y los emperadores Trajano y Adriano.

Die Römer in Spanien

Die Eroberung Hispaniens durch die Römer dauerte lange und war mühsam, konnten sie doch nur sehr ungleichmäßig vordringen: an der Mittelmeerküste erfolgte die Romanisierung zügig und tiefgreifend, während die Bevölkerung im Binnenland und an der Atlantikküste größeren Widerstand leistete. So geschah es in Numancia (Provinz von Soria), dass die Einwohner nach vielen Jahren des Kampfes und der Verteidigung lieber in den gemeinschaftlichen Freitod gingen als sich den Eindringlingen zu ergeben. Auch die Asturier und Kantabrier hielten hartnäckig stand, bis Kaiser Augustus den letzten Feldzug selbst anführen musste, um sie zu unterwerfen.

Während der siebenhundert Jahre, die die Römer auf der Halbinsel weilten, vereinigten sie Hispanien, das bis dahin eine Ansammlung von verfeindeten und untereinander nicht verbundenen Völkern gewesen war, führten die klassische griechische Kultur ein und später das Christentum sowie ihre Sprache, das Latein.

Die Römer gründeten Städte, wie zum Beispiel Itálica und Mérida, wo ihre Theater, Amphitheater und Arenen noch erhalten sind. Auch vollbrachten sie große Ingenieursleistungen: Brücken, Aquädukte, Mauern und Verbindungsstraßen zwischen den Regionen.

Rom wusste auch aus seinem Einnisten auf der Iberischen Halbinsel Nutzen zu ziehen: Sie beuteten die Gold- und Silberminen völlig aus, desgleichen die reiche Landwirtschaft, besonders die Getreide-, Wein- und Ölfelder.

Jedoch das Wertvollste, was Rom aus Hispanien erhielt, waren einige große historische Persönlichkeiten wie der Philosoph Seneca, der Dichter Martial und die Kaiser Trajan und Hadrian.

La siesta

El sol calienta con fuerza. Sólo el ronco sonido de las cigarras se deja oír en medio de la quietud que todo lo invade: es la hora de la siesta; hora lenta, inmóvil, calurosa y callada. Las persianas están bajadas. No suena el teléfono, ni llama al timbre la visita inoportuna. La siesta es respetada por todos.

El horario de la siesta – la «hora sexta» de los romanos – transcurre entre las 3 y las 5 de la tarde aproximadamente.

La siesta se hace necesaria en verano, por el calor. Lo cual no significa que esta costumbre desaparezca totalmente con la llegada del frío. Muchos españoles – tanto del campo como de la ciudad –, si su trabajo se lo permite, mantienen durante todo el año este saludable hábito. Especialmente tras las copiosas comidas que, con tanta frecuencia, se organizan en España.

El escritor Camilo José Cela considera que «la siesta es el yoga hispánico». Y en verdad así es, pues como método de relajación resulta excelente.

Las Ramblas de Barcelona

Entre la Plaza de Cataluña y el puerto discurre la avenida más famosa de Barcelona y una de las más conocidas de España: las Ramblas.

En origen las Ramblas eran el cauce de un río. En la Edad Media se levantó a lo largo del mismo la segunda muralla de defensa de la ciudad. A finales del siglo XVIII se convirtió en paseo y desde mediados del XIX adquiere su carácter actual.

Por este paseo peatonal pulula una incesante marea humana. Algunos pasan apresuradamente,

Die Siesta

Sengende Sonne. Nur der schnarrende Ton der Zikaden lässt sich mitten in der alles beherrschenden Stille vernehmen: es ist die Zeit der Mittagsruhe; eine träge, unbewegliche, glühendheiße und schweigende Zeit. Die Rolläden sind herabgelassen. Weder klingelt das Telefon, noch läuten ungelegene Besucher an der Tür. Die Siesta wird von allen eingehalten.

Die Zeit der Siesta, die «sechste Stunde» der Römer, liegt etwa zwischen drei und fünf Uhr nachmittags.

Im Sommer ist die Siesta wegen der Hitze geradezu notwendig. Aber das bedeutet nicht, daß diese Gepflogenheit mit dem Einzug der Kälte ganz und gar verschwindet. Viele Spanier, sowohl auf dem Land als auch in der Stadt, halten diese gesunde Lebensweise, wenn ihre Arbeit es erlaubt, das ganze Jahr aufrecht. Besonders nach reichhaltigen Mahlzeiten, die in Spanien so häufig aufgetischt werden.

Der spanische Schriftsteller Camilo José Cela hat einmal gesagt, die Siesta sei das hispanische Yoga. Und in der Tat, als Entspannungsmethode ist die Siesta ausgezeichnet.

Die Ramblas von Barcelona

Zwischen dem Plaza de Cataluña und dem Hafen verläuft die berühmteste Allee Barcelonas und eine der bekanntesten Spaniens: die Ramblas.

Ursprünglich waren die Ramblas ein Flussbett, an dem entlang im Mittelalter die zweite Verteidigungsmauer der Stadt verlief. Ende des 18. Jahrhunderts wurde der breite, flache Graben in eine Promenade umgewandelt, und Mitte des 19. Jahrhunderts erhielt er seine heutige Gestalt.

Auf der Promenade wimmelt es ständig von Menschen. Einige haben es eilig und sind in Geschäften unterwegs.

dirigiéndose a sus quehaceres. Nosotros, como la mayoría, vamos simplemente a pasear, a curiosear y a sentarnos un rato para ver pasar a los demás. Para ello disponemos de una hilera de sillas, de cara a los paseantes. Claro que este servicio no es gratis: habrá que pagar una pequeña cantidad al encargado, que no tardará mucho en aparecer ante nosotros. Si continuamos avanzando, aparte de las terrazas de las cafeterías, encontraremos múltiples puestos de venta de pájaros, quioscos de prensa y, sobre todo, los característicos puestos de flores, que con su colorido y aromas inundan las Ramblas.

Pero donde nos detendremos más tiempo será en el Mercado de la Boquería, en mitad de nuestro paseo. Allí la mirada se pierde contemplando, sobre

Wir, die meisten hier, gehen einfach nur spazieren, bummeln und setzen uns manchmal hin, um den anderen beim Vorbeigehen zuzuschauen. Eine den Fußgängern zugewandte Stuhlreihe steht extra dafür bereit. Selbstverständlich ist diese Gefälligkeit nicht umsonst: man muss dem Aufseher, der nicht lange auf sich warten lässt, eine kleine Gebühr bezahlen. Sowie wir die Ramblas weiter hinuntergehen, treffen wir, abgesehen von den Terrassen der Cafés, auf die vielen Verkaufsstände der Vogelhändler, auf Zeitungskioske und insbesondere auf die Blumenpavillons, von denen die ganze Flaniermeile mit Farbenpracht und Düften erfüllt wird.

Auf halber Strecke befindet sich der Boqueria-Markt, wo wir uns eine Weile aufhalten wollen. Der Blick ist zunächst von den vielen bunten Gemüse- und Obstsorten ge-

todo, la variedad y colorido de sus verduras y frutas: berenjenas, alcachofas, pimientos, higos, sandías, melocotones ... Si es verano podremos encontrar toda clase de frutos rojos, como fresas pequeñas, grosellas y frambuesas, que tan difícil resulta hallar en otros lugares.

Casi al lado del mercado podremos contemplar el Gran Teatro del Liceo, dedicado a representaciones de ópera y a conciertos. Su historia llena de sucesos-atentados e incendios-da a entender la importancia política, y no sólo artística, que ha tenido en la vida de su ciudad.

Volviendo al paseo central, hacia su parte final podremos observar el cambio que poco a poco se va produciendo en el ambiente. La calle se irá llenando de prostitutas que ofrecen sus servicios al viandante, vigiladas de cerca por sus protectores.

Al final de la avenida, ya junto al puerto, la estatua de Colón permanece ajena a la riada humana y al comercio amoroso que se mueven a sus pies.

Con su dedo índice señalando hacia el mar, parece pensar en aquellas lejanas tierras, al otro lado del océano, cuyo recuerdo ya nunca le abandonaría.

El Camino de Santiago

Santiago de Compostela, capital de Galicia y lugar de peregrinación para los cristianos, está situada en el Noroeste de España.

Es la ciudad del apóstol Santiago, el Mayor, uno de los doce apóstoles de Cristo. Según la tradición, Santiago había predicado el Evangelio en España y, tras su muerte en Jerusalén, sus discípulos tras-

fesselt: Auberginen, Artischocken, Paprika, Feigen, Wassermelonen, Pfirsiche ... und wenn gerade Sommer ist, können wir dort jede Art von Waldfrüchten kaufen, wie Walderdbeeren, Johannisbeeren und Himbeeren, die man anderenorts kaum findet.

Gleich neben dem Markt können wir das «Gran Teatro del Liceo» betrachten, in dem Opernaufführungen und Konzerte veranstaltet werden. Dieses Theater hat nicht nur künstlerisch, sondern auch politisch eine bedeutende Rolle in der Stadtgeschichte gespielt, weshalb es mehrmals das Ziel von Brandanschlägen und der Schauplatz von Attentaten war.

Kehren wir zur Promenade zurück und schauen zum unteren Teil der Ramblas, so können wir beobachten, wie sich ihr Charakter Stück für Stück verändert. Die Straße füllt sich allmählich mit Prostituierten, die den Vorbeigehenden ihre Dienste anbieten, wobei sie von ihren Beschützern genau beobachtet werden.

Direkt neben dem Hafen steht am Ende der Allee die Kolumbussäule, unbeeindruckt von den Menschenströmen und dem Liebeshandel zu seinen Füßen.

Mit seinem Zeigefinger weist Kolumbus auf das Meer hinaus; er scheint an die fernen Länder auf der anderen Seite des Ozeans zu denken, die niemals aus seiner Erinnerung verschwinden sollen.

Der Jakobsweg

Santiago de Compostela, Hauptstadt von Galicien und Wallfahrtsort für die Christen, liegt im Nordwesten von Spanien.

Es ist die Stadt des Apostels «Sant Jago». Jakobus der Ältere war einer der zwölf Apostel Christi. Der Überlieferung zufolge hat Jakobus das Evangelium in Spanien verkündet. Nach seinem Tod in Jerusalem überführten seine

ladaron sus restos en una barca hasta la costa gallega. De ahí fue llevado a un lugar más al interior de Galicia, en la actual Santiago de Compostela, donde lo enterraron.

Con el tiempo el lugar cayó en el olvido. Pero sucedió, según se cuenta, que en el año 813 una estrella, o haz luminoso, apareció señalando el lugar del enterramiento. A este lugar se le llamó «Campus Stellae» o campo de la estrella, de donde vendría el nombre de Compostela.

A partir de ese momento se difunde la noticia del hallazgo del cuerpo del apóstol Santiago por todo el Occidente. Comenzaron entonces a llegar peregrinos de todas partes hacia la tumba. Santiago pasó a convertirse en un centro de culto cristiano, siguiendo en importancia a Roma y Jerusalén. Curiosamente, en los mapas geográficos alemanes de la Edad Media se llamaba a España «Jakobsland» o tierra de Santiago.

Al itinerario que seguían los peregrinos hacia Santiago de Compostela se le llamó Camino de Santiago. Tras recorrer distintos lugares por diferentes países europeos, el camino entraba en España por dos puntos de los Pirineos: los puertos de Somport (Aragón) y Roncesvalles (Navarra), desde los que el peregrino todavía tenía que recorrer unos ochocientos kilómetros hasta Santiago.

Por el Camino de Santiago entraron en España las nuevas ideas, el arte románico y gótico, la literatura y los más variados estilos de vida de los pueblos europeos. A su vez Santiago se convirtió en lugar de encuentro y foco de cultura y espiritualidad para toda Europa. Su nombre, ya sea Jacob, Jacopone, Saint Jacques, Saint James ... aparece en calles, iglesias y hospitales en todas las capitales europeas.

Para el pueblo llano el recorrido del Camino de

Jünger seine Gebeine mit einem Schiff zur nordwestlichen Küste Hispaniens und brachten sie von dort weiter ins Innere Galiciens, wo er begraben wurde und wo sich heute Santiago de Compostela befindet.

Mit der Zeit geriet der Ort in Vergessenheit. Doch wie man sich erzählt, erschien im Jahre 813 ein Stern oder ein leuchtender Strahl am Himmel, der die Lage des Grabes anzeigte. Dieser Ort wurde «campus stellae», Feld des Sternes, genannt, wovon sich der Name Compostela abzuleiten scheint.

Seit diesem Augenblick verbreitete sich die Kunde über den Fund der Gebeine des Apostels Jakobus im ganzen Abendland. Von überall her begannen nun Pilger zum Grab zu wallfahren.

Die Stadt Santiago de Compostela wurde die wichtigste Stätte der Christenheit nach Rom und Jerusalem. In deutschen Landkarten des Mittelalters heißt Spanien geradezu «Jakobusland» oder «Land des Santiago».

Die Route, der die Pilger nach Santiago de Compostela folgten, nannte man den Jakobsweg. Nachdem die Pilgerstraßen aus verschiedenen Gebieten Europas aufeinander zu liefen, erreichten sie Spanien an zwei Stellen der Pyrenäen: an den Bergpässen von Somport (Aragonien) und Roncesvalles (Navarra); von dort aus mussten die Pilger noch etwa achthundert Kilometer bis Santiago de Compostela zurücklegen.

Über den Jakobsweg gelangte neues Gedankengut nach Spanien, ebenso die romanische und gotische Kunst, Literatur sowie die unterschiedlichsten Lebensweisen der europäischen Völker. Santiago de Compostela seinerseits entwickelte sich zu einem Ort der Begegnung und zu einem Mittelpunkt von Kultur und Geistigkeit für ganz Europa. Der Name – Jakob, Jacopone, Saint Jacques, Saint James u.s.w. – ist der Name vieler Straßen, Kirchen und Krankenhäuser in allen größeren europäischen Städten geworden.

Für die einfachen Leute war die Wanderung auf dem

Santiago, sin protección armada, como la que llevaban los príncipes o caballeros, ponía a prueba sus ideales cristianos. Constantemente tenían que defenderse de ladrones y asaltantes y, además, las luchas entre musulmanes y cristianos, en territorio español, hacían el camino especialmente inseguro.

En el año 997, el general musulmán Almanzor arrasó la ciudad y la basílica de Santiago, por su condición de lugar sagrado para los cristianos. Almanzor ordenó que los cautivos cristianos transportaran las puertas y campanas de la iglesia hasta Córdoba, capital del califato. Más tarde, en el siglo XIII, Fernando III, el Santo, tras conquistar esta ciudad, haría que fueran devueltas a Santiago, llevadas esta vez por prisioneros moros.

En la época de apogeo de las peregrinaciones cerca de medio millón de personas hacían cada año el Camino de Santiago. Entre ellos algunos peregrinos ilustres, como los reyes Luis VII de Francia y Eduardo I de Inglaterra o, entre los españoles, los Reyes Católicos – Fernando e Isabel –, el emperador Carlos V y el rey Felipe II.

Aún hoy en día siguen llegando muchos peregrinos a Santiago, que hacen el camino a pie, a caballo o en bicicleta. Suelen ser unos pocos miles cada año y muchos más en los Años Santos, cuando el 25 de julio, día de Santiago, cae en domingo.

Las conchas de Santiago

En los escudos de las familias nobles de Galicia aparecen con frecuencia unas conchas grabadas. Son las «vieiras» o conchas de los peregrinos.
Los peregrinos que iban a Santiago de Compostela llevaban, y aún llevan, conchas en el som-

Jakobsweg ein Beweis christlicher Gläubigkeit, denn sie gingen ohne Waffenschutz, wie ihn die Fürsten und Ritter trugen. Sie waren oft von Dieben und Räubern bedroht, und kriegerische Auseinandersetzungen zwischen den Muselmanen und den Christen auf spanischem Gebiet machten die Strecke vollends unsicher.

Weil es eine so heilige Stätte für die Christen war, ließ der moslemische Wesir Al-Mansur im Jahr 997 die Stadt und die Basilika dem Erdboden gleichmachen. Al-Mansur befahl, dass die christlichen Gefangenen die Türen und die Glocken der Basilika nach Córdoba, der Hauptstadt des Kalifats, bringen sollten.

Später, im 13. Jahrhundert, sorgte König Ferdinand III. der Heilige, nachdem die Stadt wieder erobert wurde, dafür, dass die Glocken nach Santiago zurückgebracht wurden. Diesmal wurden sie von maurischen Gefangenen getragen.

In der großen Zeit des Pilgertums folgten jährlich ungefähr eine halbe Million Menschen dem Jakobsweg. Unter ihnen befanden sich berühmte Pilger wie die Könige Louis VII. von Frankreich und Edward I. von England, und auch die Katholischen Könige – Ferdinand und Isabella –, und Kaiser Karl V. und König Philipp II.

Noch heute kommen viele Pilger nach Santiago de Compostela, die den Weg zu Fuß, zu Pferd oder mit dem Fahrrad machen. Meist sind es einige tausend jedes Jahr, aber viel mehr sind es in den «Heiligen Jahren», in denen der 25. Juli, der Jakobustag, auf einen Sonntag fällt.

Die Jakobsmuscheln

In den Wappen der Adelsfamilien Galiciens erscheinen häufig als Motiv eingemeißelte Muscheln. Diese Muscheln sind die «vieiras», die Jakobsmuscheln der Pilger.

Die Pilger, die nach Santiago de Compostela gingen, trugen und tragen noch heute solche Muscheln am Hut

brero o sobre las ropas. Su uso se remonta al comienzo de las peregrinaciones jacobeas. Sobre su origen se cuenta la siguiente leyenda:

Sucedió que cuando los discípulos del apóstol Santiago, tras su muerte, trasladaban su cuerpo desde Jerusalén, la barca en la que navegaban se acercó a un pueblo de la costa gallega.

Allí se estaba celebrando la boda de un joven y rico heredero. Los invitados se entretenían junto a la playa con juegos, música y canciones. El novio participaba en un juego montado a caballo cuando, de repente, su corcel emprendió veloz carrera y se sumergió en el mar. Todos vieron con horror como jinete y caballo desaparecían bajo las aguas.

La alegría de la boda se cambió en duelo, al creer perdido para siempre al joven. No fue así, puesto que, después de caminar un largo trecho bajo el agua, reaparecieron el jinete y su caballo a lo lejos, junto a la barca en la que venía el cuerpo de Santiago con sus discípulos. Ambos regresaron ilesos a la playa. Asombrados, observaron todos que volvían cubiertos de una milagrosa armadura hecha de conchas marinas.

El joven y sus familiares se convirtieron al cristianismo y la concha pasaría a ser más tarde símbolo del peregrino que iba a Santiago de Compostela.

oder an der Kleidung. Dieser Brauch geht auf die Anfänge der Jakobäischen Pilgerfahrten zurück. Über seinen Ursprung wird folgende Legende erzählt:

Es begab sich, dass die Jünger des Apostels Jakobus nach dessen Tod seinen Leichnam von Jerusalem auf ein Schiff brachten und dass das Schiff, auf dem sie segelten, sich einem Dorf an der Küste Galiciens näherte.

Dort feierte gerade ein junger reicher Erbe sein Hochzeitsfest. Die Gäste vergnügten sich am Strand mit Spielen, Musik und Gesang. Der Bräutigam nahm auf einem Pferd reitend an einem Spiel teil, als plötzlich sein Kampfross losgaloppierte und vom Meer verschlungen wurde. Alle sahen mit Schrecken, wie Reiter und Pferd im Wasser verschwanden.

Da alle meinten, der Jüngling sei für immer verloren, schlug die Hochzeitsfreude in Schmerz um. Doch es kam anders: Nachdem der Jüngling und sein Pferd ein weites Stück unter Wasser zurückgelegt hatten, tauchten sie in der Ferne wieder auf – gerade neben dem Schiff, auf dem der Leichnam des Jakobus und seine Jünger heransegelten. Ross und Reiter kehrten unversehrt an den Strand zurück. Staunend sahen alle, dass beide mit einer wundersamen Rüstung aus Meeresmuscheln bedeckt waren.

Der Jüngling und seine Familie bekannten sich daraufhin zum Christentum, und die Jakobsmuschel wurde – erst viel später – zum Symbol des Pilgers, der nach Santiago de Compostela ging.

Mallorca

«El Gobierno de Bonn quiere comprar Mallorca.» Esta sorprendente noticia se pudo leer en un diario mallorquín, comentando la propuesta que en este sentido había hecho un diputado alemán.

Es cierto que en Mallorca viven muchos alemanes y que incluso hay ya alguna residencia sólo para ancianos de esta nacionalidad. No obstante, la isla conserva su peculiar atractivo.

La historia y la cultura de los mallorquines son el resultado de las influencias de diversos pueblos: fenicios, griegos, romanos, vándalos, árabes y, más tarde, catalanes, que en el siglo XIII llegaron a Mallorca. Ellos dejaron una profunda huella en la isla, en su arquitectura, en el modo de vida de sus habitantes y en su lengua: el mallorquín es un dialecto del catalán.

Mallorca es famosa mundialmente como destino turístico. Ya en el siglo XIX empezó a ponerse de moda entre los privilegiados viajeros que entonces realizaban «tours» culturales y medicinales por las islas del Mediterráneo.

Hasta los años 50 continuó Mallorca siendo una isla agrícola y tradicional, que atraía a los turistas con sus hermosos paisajes. Es más tarde, a partir de los años 60, cuando la isla empezó a convertirse en lo que es hoy en día: destino de incontables viajes charter, ofertas de hoteles y apartamentos, playa y sol para un turismo de masas (más de 6 millones de visitantes al año), que han destrozado o dejado irreconocible una gran parte de las zonas naturales de la isla. Viendo ahora El Arenal resulta difícil imaginarla como la playa de dunas, con dos balnearios de madera, que era antes.

Sin embargo, aún quedan lugares lejos de las rutas turísticas, que conservan su propio encanto.

Mallorca

«Die Bonner Regierung will Mallorca kaufen.» Diese erstaunliche Nachricht konnte man in einer Mallorkiner Tageszeitung lesen. Sie zitierte sinngemäß den Vorschlag eines deutschen Abgeordneten.

Es stimmt, dass viele Deutsche auf Mallorca leben und es sogar schon so manches Heim speziell für ältere Menschen aus Deutschland gibt. Dennoch behält die Insel ihren eigentümlichen Reiz.

Die Geschichte und die Kultur der Mallorkiner haben sich aus den Einflüssen verschiedener Völker ergeben: der Phönizier, Griechen, Römer, Vandalen, Araber und später der Katalanen. Die kamen im 13. Jahrhundert auf Mallorca an und haben die Insel am nachhaltigsten geprägt: das Erscheinungsbild der Orte, die Lebensweise der Bewohner und die Sprache. Das Mallorkinische ist ein Dialekt des Katalanischen.

Mallorca ist als Touristenziel weltberühmt. Bereits im 19. Jahrhundert war es bei den bessergestellten Reisenden zur Mode geworden, Kulturreisen und Heilkurfahrten zu den Mittelmeerinseln zu unternehmen.

Bis in die 50er Jahre unseres Jahrhunderts war Mallorca eine landwirtschaftlich genutzte, altertümlich wirkende Insel, die mit ihrer wunderschönen Landschaft den Fremdenverkehr anlockte. Erst später, seit Beginn der sechziger Jahre, begann die Insel sich zu dem zu wandeln, was sie heute ist: Ziel für zahllose Charterflüge mit Hotel- und Appartementangeboten, Strand und Sonne für den Massentourismus (mehr als sechs Millionen Gäste pro Jahr), der einen großen Teil der Naturgebiete der Insel zerstört oder bis zur Unkenntlichkeit verändert hat. Wenn man den Touristenort El Arenal jetzt sieht, fällt es einem schwer, sich den einstigen Dünenstrand mit zwei Kurhäusern aus Holz vorzustellen.

Doch gibt es weit von den Touristenstrecken entfernt noch Orte, die ihren eigenen Charme behalten haben.

Es Trenc es un pueblecito de playas salvajes y sin urbanizar. Orient, en el interior, conserva sus casas medievales y sus riachuelos sin contaminar. En Valldemosa – a pesar de las visitas de los turistas – parece que el tiempo se haya detenido: estrechas callejuelas empedradas, casas solariegas de los siglos XVI y XVII y, sobre todo, el palacio de la Cartuja, escogido como refugio por algunos espíritus románticos, como el compositor Federico Chopin y la escritora George Sand. Allí pasaron juntos un invierno, que ella reflejaría en su libro «Un invierno en Mallorca», y donde el músico compondría sus «Preludios».

Mallorca continúa enamorando a los artistas. Algunos, como el pintor Joan Miró y el escritor y Premio Nóbel Camilo José Cela, atraídos por su encanto, se quedaron a vivir en la isla.

Los mallorquines están ya acostumbrados a las invasiones de todo tipo. Muchos de ellos mantienen su vida y costumbres sin alterarse por muchos famosos o turistas que les rodeen.

Mallorca no está en venta, ni siquiera para los alemanes, aunque en muchas de sus playas los apartamentos en alquiler se anuncien diciendo «zu vermieten» y a la hora de comer la carta ofrezca «Würstchen», «Sauerkraut», «Kuchen» y, por supuesto, «Bier».

En torno al «por favor»

En España es muy frecuente pedir algo sin utilizar como acompañamiento el «por favor», imprescindible en los idiomas de otros paises. Es suficiente con usar el imperativo – dámelo, para, sube, toma –, sin añadir ninguna fórmula de cortesía.

Beispielsweise Es Trenc, ein kleines Dorf mit naturbelassenen Stränden und ohne Hochhausbebauung. Orient, im Inneren der Insel, bewahrt seine mittelalterlichen Häuser und seine unverschmutzten Flüsschen. In Valldemosa scheint trotz der Touristenbesuche die Zeit stehengeblieben zu sein: enge, gepflasterte Gäßchen, Stammhäuser von Adelsfamilien aus dem 16. und 17. Jahrhundert und der Palast des Kartäuserklosters, das großen romantischen Seelen wie dem Komponisten Fréderic Chopin und der Schriftstellerin George Sand als Zufluchtsort diente. Seine «Préludes» und ihr Buch «Ein Winter auf Mallorca» sind die berühmten künstlerischen Ergebnisse ihres gemeinsamen Aufenthaltes dort.

In jüngerer Zeit haben sich, unter anderen, der Maler Joan Miró und der Schriftsteller Camilo José Cela, der Nobelpreisträger, dort niedergelassen, vom Zauber Mallorcas angezogen.

Die Mallorkiner haben sich schon an alle diese «Invasionen» gewöhnt. Viele von ihnen halten an ihrer Lebensart und ihren Sitten fest, so viele Berühmtheiten oder Touristen sie auch umgeben mögen.

Mallorca steht nicht zum Verkauf, nicht einmal für die Deutschen, obwohl an vielen Stränden die Appartements mit dem deutschsprachigen Schild «zu vermieten» angeboten werden und zur Essenszeit auf der Speisentafel «Würstchen», «Sauerkraut», «Kuchen» und natürlich «Bier» verzeichnet sind.

Bitte!

In Spanien ist es ganz üblich, etwas zu verlangen, ohne ein «bitte» hinzuzufügen, das in anderen Sprachen unabdingbar ist. Die bloße Befehlsform reicht aus – Gib mir das! Hör auf! Steig ein! Nimm! – ohne dass man irgendwelche Höflichkeitsfloskeln anhängen müsste.

En el colegio
Profesor. – Buscad la página 57. Antonio, empieza la lectura.
Antonio. – Se me ha olvidado el libro en casa.
Profesor. – Pues lee tú, Mónica.
Mónica (a su compañera). – ¡Pásame tu libro, que yo tampoco lo he traído! (Lee).
Profesor. – ¡Vale! Continúa, Javier.
(...)
Profesor. – De acuerdo. Cerrad ahora los libros y escribid un resumen de la lectura.

Algunas veces se suaviza el imperativo convirtiéndolo en una pregunta. Pero su tono, en ocasiones, puede acercarse más a la orden que a la interrogación.

Comida familiar
Madre. – Manolo, ¿puedes apagar la tele? Ya sabes que me molesta durante las comidas.
Padre. – Espera un momento, ¿no? Ahora dan las noticias.
Madre. – ¡Siempre igual! Nunca se puede comer en paz en esta casa. Manolín, ¿quieres venir ya de una vez? La comida está en la mesa.
Hijo. – Ya voy, mamá.
(...)
Madre (al hijo). – ¿Me pasas la sal? Me ha quedado un poco soso.
Hijo (dándole la sal). – A mi me gusta. ¿Me pones más?
Padre. – ¿Os podéis callar ya? Así no me entero de nada.

¡Ah! y si alguien le pide algo sin acompañarlo de un «por favor», piense que es simplemente una forma de hablar, y no se enfade ..., «por favor».

In der Schule
Lehrer: Sucht die Seite 57, bitte! Antonio, fang du bitte an zu lesen!
Antonio: Ich habe mein Buch zu Hause vergessen.
Lehrer: Dann lies bitte du, Mónica!
Mónica (zu ihrer Nachbarin): Gib mir mal bitte dein Buch, ich habe es auch nicht mitgebracht! (Sie liest)
  Lehrer: Gut. Lies du bitte weiter, Javier!
  (...)
Lehrer: In Ordnung. Schließt jetzt bitte die Bücher und schreibt eine Zusammenfassung des Gelesenen!

In manchen Fällen mildert man den Imperativ ab, indem man ihn in eine Frage umwandelt. Aber auch deren Ton klingt oft eher nach einem Befehl oder Auftrag als nach einer Frage.

Beim familiären Mittagessen
Mutter: Manolo, kannst du bitte den Fernseher abschalten? Du weißt doch, daß es mich beim Essen stört.
Manolo (Vater): Warte bitte einen Moment, ja? Sie bringen jetzt Nachrichten.
Mutter: Immer das gleiche! Nie kann man in diesem Haus in Ruhe essen. Manolín, willst du jetzt bitte mal herkommen? Das Essen ist auf dem Tisch.
Manolín (Sohn): Ich komm ja schon, Mama.
  (...)
Mutter (zum Sohn): Gibst du mir bitte das Salz? Das Essen ist mir etwas fade geraten.
Sohn (reicht der Mutter das Salz): Mir schmeckt es. Füllst du mir bitte noch mehr auf?
Vater: Könntet ihr bitte mal den Mund halten? Ich bekomme so überhaupt nichts mit.

Also: Falls jemand Sie um etwas bittet, ohne ein «bitte» hinzuzufügen, bedenken Sie, dass das einfach die spanische Ausdrucksweise ist, und ärgern Sie sich nicht – bitte!

Don Quijote

La Mancha, llanura soleada, seca y casi deshabitada, se encuentra en el centro de España. Es famosa desde que el mundo entero la imagina como escenario de las aventuras de Don Quijote. El escritor Benito Pérez Galdós la describe así: «Don Quijote necesitaba aquel horizonte, ‹aquel suelo sin caminos y que, sin embargo, todo él es camino› ...; necesitaba de aquel sol que derrite los sesos y hace a los cuerdos locos ... necesitaba, en fin, que el hombre no pusiera en aquellos campos más muestras de su industria ... que los molinos de viento.»

Aún hoy en día se pueden ver los mismos molinos de viento, a los que Don Quijote tomó por gigantes, y por los que fue derribado cuando arremetió contra ellos. Este episodio es sólo uno más entre los cientos que componen la que algunos consideran la mejor novela jamás escrita.

Su autor, Miguel de Cervantes, nació en 1547 en Alcalá de Henares, cerca de Madrid. Es posible que cursara estudios en la Universidad de Salamanca, sirviendo de criado a estudiantes ricos. Pero su conocimiento de los seres humanos lo adquirió más bien en contacto con la vida de la calle y a través de los personajes del teatro, al que tan aficionado era. Su afán de aventuras le llevó a hacerse soldado. Luchó contra los turcos en la famosa batalla de Lepanto, que terminó en una victoria para los cristianos, pero para Cervantes supuso la pérdida del brazo izquierdo. De regreso a España su barco fue apresado por los piratas, por lo que tuvo que sufrir cinco años de cautiverio en Argel, antes de que su familia reuniera el dinero suficiente para rescatarle.

Ya en España empezó a escribir algunos dramas, sin mucho éxito. Más tarde fue a parar a la cárcel por problemas de deudas. Cuando salió – herido en

Don Quijote

La Mancha, das sonnige Flachland, trocken und fast unbewohnt, befindet sich im Zentrum Spaniens. Es ist berühmt, seitdem die ganze Welt es sich als Schauplatz der Abenteuer des Don Quijote vorstellt. Der Schriftsteller Benito Pérez Galdós beschreibt es folgendermaßen: «Don Quijote bedurfte dieser Weite, ‹dieses Bodens ohne Wege, der doch selber ganz Weg ist›; er braucht diese Sonne, die das Gehirn aufweicht und aus den Einsichtigen Verrückte macht; und schließlich war er darauf angewiesen, dass auf diesem Land keine anderen Produkte der menschlichen Erfindungskraft erbaut waren... als Windmühlen.»

Heute kann man noch die gleichen Windmühlen sehen, die Don Quijote für Riesen hielt und durch die er zu Boden geworfen wurde, als er sie angriff. Diese Episode ist nur eine von den Hunderten, die den Roman ausmachen, den manche Leute für den besten halten, der jemals geschrieben worden ist.

Sein Autor Miguel de Cervantes Saavedra wurde 1547 in Alcalá de Henares, in der Nähe von Madrid, geboren. Es ist möglich, dass er an der Universität von Salamanca studierte und als Diener reicher Studenten arbeitete. Aber seine Menschenkenntnis erwarb er eher im Kontakt mit dem Leben auf der Straße und über Schauspieler vom Theater, von dem er so begeistert war. Seine Abenteuerlust brachte ihn dazu, Soldat zu werden. Er kämpfte gegen die Türken in der berühmten Seeschlacht von Lepanto, die mit einem Sieg für die Christen endete, aber für Cervantes den Verlust seines linken Arms bedeutete. Auf dem Rückweg nach Spanien wurde sein Schiff von Seeräubern gekapert, weswegen er fünf Jahre Gefangenschaft in Algerien ertragen musste, bevor seine Familie genügend Geld gesammelt hatte, um ihn zu befreien.

Wieder zurück in Spanien, schrieb er einige Dramen – ohne viel Erfolg. Nach einiger Zeit landete er wegen Schulden im Gefängnis. Als er es mit 58 Jahren verließ, in

su orgullo y sitiéndose hundido y derrotado –, con 58 años, emprendió la tarea de creación de la que sería su obra inmortal: «El Ingenioso Hidalgo Don Quijote de la Mancha».

Don Quijote es un viejo hidalgo que ha perdido el juicio por haber leído muchas novelas de caballerías. Cree que su misión es salir de la aldea para rescatar doncellas y defender a los débiles. Cubierto de una oxidada armadura, y a lomos de su famélico caballo Rocinante, el Caballero de la Triste Figura se pone en marcha acompañado de su escudero Sancho Panza. Don Quijote transforma la prosaica realidad de las personas y lugares por donde pasa: un rebaño de ovejas se convierte a sus ojos en un ejército enemigo; a una ordinaria moza de pueblo, Aldonza Lorenzo, la transforma en Dulcinea del Toboso – su dama –, por seguir la tradición de las novelas de caballerías. Su fiel escudero ve la realidad tal como es; pero le sigue a todas partes, dándole buenos consejos y ayundándole a levantarse cuando es derribado o golpeado.

Junto a la pareja protagonista aparece toda una galería de personajes (el estudiante, el cura de la aldea, la Maritornes) vigorosamente caracterizados por el autor – con rasgos de bondad y de maldad al mismo tiempo –, y profundamente humanos.

Cervantes publicó más tarde una segunda parte del libro – quizá la mejor – que actualmente se publica junto con la primera en un solo libro.

A pesar de que su novela le dio una cierta fama a Cervantes, la fortuna continuó sin acompañarle. Murió pobre y solitario en 1616.

Sin embargo, Don Quijote, su creación literaria, se convirtió en un personaje inmortal. Sus pensamientos continúan sorprendentemente vigentes cuatro siglos después. Así lo entendieron los puertorriqueños ante la celebración del plebiscito que

seinem Stolz verletzt war und sich vernichtet und geschlagen fühlte, begann er das Buch zu schreiben, das ihn unsterblich gemacht hat: «Der scharfsinnige Ritter Don Quijote von der Mancha».

Don Quijote ist ein alter Edelmann, dem sein Urteilsvermögen abhanden kam, weil er viele Ritterromane gelesen hat. Er glaubt, dass es seine Berufung ist, sein Dorf zu verlassen, um Jungfrauen zu retten und Schwache zu verteidigen. In einer rostigen Ritterrüstung, auf dem Rücken seines ausgehungerten Pferdes Rosinante, macht sich «der Ritter von der traurigen Gestalt» gemeinsam mit seinem Knappen Sancho Pansa auf den Weg. Don Quijote deutet die alltägliche Wirklichkeit der Personen und der Orte, durch die er kommt, um: eine Schafherde wird zu einem feindlichen Heer; ein gewöhnliches Dorfmädchen, Aldonza Lorenzo, macht er zu Dulcinea von Toboso, seiner Herzensdame, um in der Tradition der Ritterromane zu bleiben. Sein treuer Knappe sieht die Wirklichkeit so, wie sie ist. Er folgt ihm aber überall hin, gibt ihm gute Ratschläge und hilft ihm, wieder aufzustehen, wenn er zu Boden geworfen oder verprügelt worden ist.

Neben dem Hauptpaar tritt eine ganze Galerie von Personen auf (der Student, der Dorfpriester, die Maritornes), die vom Autor eindringlich mit guten und zugleich bösen Wesenszügen ausgestattet und zutiefst menschlich dargestellt werden.

Cervantes veröffentlichte später einen zweiten Teil des Buches – vielleicht sogar den besseren – der heutzutage zusammen mit dem ersten Teil als ein einziges Buch veröffentlicht wird.

Obwohl der Roman Cervantes einen gewissen Ruhm verschaffte, war ihm das Glück nicht hold. Er starb arm und einsam im Jahre 1616.

Doch seine literarische Schöpfung, Don Quijote, wurde zu einer unsterblichen Gestalt. Überraschenderweise blieben Gedanken von ihm vierhundert Jahre lang lebendig: Die Bewohner von Puerto Rico griffen sie auf, als eine

había de decidir su integración (o no) en los Estados Unidos. Unos días antes de la votación apareció en la catedral un pasquín con el siguiente texto de El Quijote:

«La libertad, querido Sancho, es uno de los más preciosos dones que a los hombres dieron los cielos. Con ella no pueden igualarse los tesoros que encierra la tierra ni el mar encubre; por la libertad se puede y debe aventurar la vida.»

La noche de San Juan

Las celebraciones en torno a la noche del 23 de Junio, noche de San Juan, datan de un pasado muy remoto. Cuando el hombre, a solas con la naturaleza – a la que no dominaba – pretendía atraerse sus favores con sacrificios y ritos mágicos. Para ello elige los cambios estacionales, como los solsticios de verano e invierno.

La Iglesia Occidental colocó la fiesta del nacimiento de Jesucristo en el día 24 de Diciembre, con la evidente intención de cristianizar las prácticas paganas del solsticio de invierno. Más tarde se calculó el nacimiento del precursor de Jesús, Juan, el Bautista, en seis meses antes, con lo que se hacía coincidir con la celebración del solsticio de verano.

La noche de San Juan es una noche mágica y pagana, de rituales de agua y de fuego en muchos lugares de España.

Al agua – de los ríos y de las fuentes e, incluso, del rocío-se le atribuyen en esta noche poderes especiales de embellecimiento, de curación o de protección.

En la madrugada del día 24, día de San Juan, es costumbre muy extendida la recogida del trébol (a

Volksbefragung über ihre Eingliederung in die Vereinigten Staaten bevorstand. An der Kathedrale war einige Tage vor der Abstimmung ein Spruchband mit folgendem Text aus dem «Don Quijote» zu sehen:

«Die Freiheit, lieber Sancho, ist eine der schönsten Gaben, die der Himmel den Menschen gegeben hat. Ihr können nicht alle Schätze gleichkommen, die die Erde enthält und das Meer birgt; für die Freiheit kann man und soll man das Leben riskieren.»

Die Sankt-Johannis-Nacht

Die Feierlichkeiten in der Nacht vom 23. zum 24. Juni, der Sankt-Johannis-Nacht, gehen auf einen sehr alten Kult zurück: Als die Menschen versuchten, die Natur, die sie nicht beherrschten, mit Opfergaben und Zauberriten günstig zu stimmen, taten sie das zum Wechsel der Jahreszeiten, die nämlich der Sommer- und der Wintersonnenwende entsprechen.

Die abendländische Kirche legte das Fest zu Ehren der Geburt Jesu Christi auf den 24. Dezember, mit der offenkundigen Absicht, die heidnischen Praktiken in der Zeit der Wintersonnenwende zu christianisieren. Da der Vorläufer Jesu, Johannes der Täufer, sechs Monate vor ihm geboren worden war, fiel sein Geburtstag auf das Sonnwendfest im Sommer.

Die Sankt-Johannis-Nacht ist in vielen Orten Spaniens eine magische und heidnische Nacht mit Wasser- und Feuerritualen.

Dem Wasser – dem der Flüsse und der Brunnen, aber auch dem Tau – schreibt man in dieser Nacht besondere Kräfte zu: der Verschönerung, der Heilung oder des Schutzes.

Es ist ein weit verbreiteter Brauch, früh morgens am 24. Juni ein Kleeblatt, wenn möglich ein vierblättriges, zu

ser posible de 4 hojas) que traerá suerte y felicidad a las mozas casaderas.

Pero lo más característico de la noche de San Juan es el rito purificatorio del fuego. El salto de las hogueras es una práctica muy extendida por toda España en esta noche. Antes de saltar la hoguera hay que formular un deseo, que se cumplirá, según la tradición, en el año siguiente.

Las fiestas de «Las hogueras de San Juan» de Alicante duran varios días y culminan en esa fecha. Son fiestas de hogueras, tracas, fuegos artificiales y bandas de música.

Una de las celebraciones más llamativas en torno al fuego es la del pueblo castellano de San Pedro Manrique (Soria). La noche del 23 de Junio los habitantes del pueblo pasan, con los pies descalzos, pisando con firmeza, por encima de unas brasas ardientes, sin que nada les ocurra. Unos van solos y otros con alguien a sus espaldas. La tradición dice que los forasteros no deben intentarlo, pues se quemarían.

Castilla: tierra de castillos

Castilla: llanuras semidesérticas; heladas continuas en sus largos inviernos, y secos y bochornosos días de verano: «Nueve meses de invierno y tres de infierno», dice el refrán.

De tarde en tarde, la presencia de un pueblo – con su chopera marcando la línea de un riachuelo –, altera la monotonía amarillenta de su paisaje. Pequeños pueblos habitados por gentes de carácter sobrio, seco y orgulloso, como su tierra. En muchos de ellos quedan sólamente unos pocos ancianos; otros han quedado convertidos ya en pueblos fantasmas, sin un solo ser humano.

pflücken, das den heiratsfähigen Mädchen ein gütiges Geschick bringen soll.

Doch am meisten wird die Sankt-Johannis-Nacht durch Feuer-, das heißt Reinigungsrituale gekennzeichnet: In ganz Spanien wird in dieser Nacht über die Holzfeuer gesprungen. Bevor man springt, muss man einen Wunsch aussprechen, der, wie es heißt, im nächsten Jahr in Erfüllung geht.

Die Feste der «Johannisfeuer» in Alicante dauern mehrere Tage. Sie haben ihren Höhepunkt am Johannistag selbst. Es sind Festtage mit Lagerfeuern, Raketensalven, Feuerwerken und Musikkapellen.

Eine besonders aufsehenerregende Feier rund um das Feuer findet in dem kastilischen Dorf San Pedro Manrique (Soria) statt. In der Nacht vom 23. auf den 24. Juni gehen die Bewohner des Dorfes barfuß über glühende Kohlen – und zwar treten sie fest auf –, ohne dass es ihnen etwas ausmacht. Manche gehen allein, und manche gehen mit jemand anderem huckepack. Von jeher heißt es, dass Auswärtige es nicht versuchen sollten, denn sie würden sich verbrennen.

Kastilien, Land der Burgen

Kastilien: Halbwüstenartige Ebenen, fortwährende Fröste in seinen langen Wintern und trockene und heiße Tage im Sommer: «Neun Monate lang herrscht Winter und drei die Hölle», heißt es in einem Sprichwort.

Nur gelegentlich ein Dorf – mit der dazugehörigen Pappelreihe, die den Verlauf eines Flusses kennzeichnet – unterbricht von Zeit zu Zeit die fahlgelbe Eintönigkeit der Landschaft. Die kleinen Dörfer werden von Leuten bewohnt, die wie ihr Land von kargem, rauhen und stolzen Charakter sind. In vielen dieser Ansiedlungen leben nur noch einige alte Leute; andere sind schon zu menschenleeren Geisterdörfern geworden.

Pero en medio de la llanura castellana lo que más destaca es la aparición de uno de sus castillos medievales. Fundiéndose solitario con el paisaje o junto a algún pequeño núcleo de población, su silueta se levanta sobre un cerro, recortándose en el cielo. Bien conservados o en lamentable estado de ruina, todos ellos nos hablan orgullosos de su pasado esplendor.

Entre los siglos IX y XIII, durante la Reconquista contra los moros, fueron construídos muchos castillos – sobre todo por los cristianos – para defender los territorios conquistados al enemigo. A su amparo se iban edificando los pueblos, expuestos siempre a los ataques de los recién desplazados.

Por el especial protagonismo que tuvo en estas luchas de reconquista la zona central de la Península, se le dio el nombre de Castilla: tierra de castillos.

El castillo de planta más larga de Europa se levanta junto al pueblecito soriano de Gormaz. Cons-

Am auffälligsten jedoch sind die mittelalterlichen Burgen, die plötzlich inmitten der kastilischen Ebene vor einem stehen. Einsam mit der Landschaft verbunden oder an eine kleine Ortschaft angrenzend, ragt ihre Silhouette von einer Anhöhe auf und zeichnet sich am Himmel ab. Ob gut erhalten oder im kläglichen Zustand einer Ruine – alle erinnern an eine stolze, glanzvolle Vergangenheit.

Zwischen dem 9. und dem 13. Jahrhundert, im Zuge der Reconquista, der Rückeroberung der von den Mauren besetzten Gebiete Spaniens, wurden insbesondere von den Christen viele Burgen gebaut, um das eroberte Gelände gegen den Feind zu verteidigen. Rings um die schutzbietende Burg wurden Dörfer angelegt, die immer wieder den Angriffen der gerade Vertriebenen ausgesetzt waren.

Wegen der besonderen Aufgabe, die der zentral gelegenen Gegend der Halbinsel während der Reconquista zugefallen war, gab man ihr den Namen «Kastilien: Land der Burgen».

Die nach ihren Ausmaßen größte Burg in Europa erhebt sich neben dem kleinen sorianischen Dorf Gormaz. Erbaut

truído en el siglo X en época califal, es una auténtica reliquia militar árabe. Pasó a manos cristianas en el siglo siguiente, siendo durante algún tiempo señor del mismo el legendario Cid Campeador.

Los castillos con sus historias y leyendas forman parte del alma de Castilla, a la que ningún otro supo cantar como el poeta Antonio Machado:

> ¡Castilla varonil, adusta tierra,
> Castilla del desdén contra la suerte,
> Castilla del dolor y de la guerra,
> tierra inmortal, Castilla de la muerte!

Horarios españoles

Son las 10 de la noche. Las familias se reúnen en torno a la mesa para cenar y ver la tele. En efecto: a esta hora comienzan también los programas de máxima audiencia en la televisión.

No es extraño, pues, que la mayoría de los españoles – incluídos muchos niños – permanezcan despiertos hasta más de las 12, cuando sus vecinos europeos llevan ya unas horas durmiendo.

Sin embargo, al día siguiente no tendrán que madrugar tanto, pues la jornada laboral española no suele empezar antes de las 9 de la mañana; eso sí, se alarga hasta las 7 ó las 8 de la tarde. Con algunas pausas, por supuesto.

No es muy aconsejable llamar por teléfono o ir a una oficina (sobre todo si es del servicio público) en torno a las 11 de la mañana, pues es costumbre muy extendida que parte del personal interrumpa sus tareas a media mañana para ir al bar a almorzar. Esto consiste en tomarse un café, un bocadillo o un pincho de tortilla, con vino o cerveza.

im 10. Jahrhundert, noch zur Zeit der Herrschaft der Kalifen, ist sie eine echte arabische Kriegsreliquie. Sie ging im 11. Jahrhundert in die Hände der Christen über, und der legendäre Kriegsheld Cid Campeador war eine Zeitlang ihr Herr.

Die Burgen mit ihren Geschichten und Legenden gehören zur Seele von Kastilien, die keiner besser besingen konnte als der Dichter Antonio Machado:

> Mutiges Kastilien, karges Land,
> Kastilien, das Glück verachtend,
> Kastilien des Schmerzes und des Krieges,
> unsterbliches Land, Kastilien des Todes!

Spanische Uhrzeiten

Es ist zehn Uhr abends. Die Familie versammelt sich am Tisch, um Abendbrot zu essen und fernzusehen. Und tatsächlich: zu dieser Uhrzeit beginnen auch die Fernsehsendungen mit der höchsten Einschaltquote.

Es ist deshalb nicht erstaunlich, dass die Mehrheit der Spanier – viele Kinder inbegriffen – bis weit nach Mitternacht wach bleibt, während ihre europäischen Nachbarn bereits einige Stunden schlafen.

Sie müssen aber auch am folgenden Tag nicht so früh aufstehen. Der spanische Arbeitstag fängt normalerweise nicht vor neun Uhr morgens an; allerdings dauert er dann bis sieben oder acht Uhr abends – selbstverständlich mit einigen Pausen.

Nicht sehr ratsam ist es, gegen elf Uhr morgens jemanden anzurufen oder ein Büro, besonders ein behördliches, aufzusuchen, da es weithin üblich ist, dass ein Teil des Personals vormittags die Arbeit unterbricht, um in einer Cafeteria ein kräftiges Frühstück einzunehmen. Dieses besteht aus Kaffee, einem belegten Brötchen oder einem Stück Kartoffelomelett und einem Glas Wein oder Bier.

Los comercios (excepto algunos grandes almacenes) cierran normalmente entre la 1,30 y las 4 de la tarde. La mayor parte de los trabajadores, así como los estudiantes, tienen unas 2 horas para ir a comer. Todo el que puede vuelve para ello a su casa, por lo que sobre las 2 de la tarde se producen grandes atascos en el centro de las ciudades y tanto el metro como los autobuses van repletos. Algunos, con menos tiempo, van al bar o a un restaurante, cuyo horario de comidas (tan sorprendente para muchos extranjeros) es el, ya citado, de 1,30 a 4.

Por la tarde, entre las 6 y las 7, se sale a merendar, sobre todo mujeres, niños y estudiantes. Suelen tomar café con leche y algo de bollería o bocadillos. Menos frecuente es merendar porciones de tarta o pasteles.

Más curioso aún puede resultar la ausencia total de horarios en algunos lugares de veraneo, donde nadie, ni siquiera los niños, suele irse a dormir antes de la 1 ó 2 de la madrugada; y entre los jóvenes es normal acostarse entre las 5 y las 6 de la mañana.

El aceite de oliva

«Andaluces de Jaén / Aceituneros altivos ...» Así comienza Miguel Hernández su célebre poema, dedicado a los olivos y a los que en ellos trabajan. Y es que esta provincia andaluza es la más olivarera de toda España. Pocas impresiones hay más gratas

Zwischen halb zwei und vier Uhr nachmittags schließen normalerweise die Geschäfte außer einigen großen Kaufhäusern. Auch ein Großteil der Angestellten und Arbeiter sowie die Studenten haben zwei Stunden für ihr Mittagessen. Jeder, der kann, fährt dazu nach Hause, weshalb sich gegen zwei Uhr große Verkehrsstaus in den Stadtzentren bilden und die U-Bahnen und Busse überfüllt sind. Diejenigen, die weniger Zeit haben, gehen in eine Cafeteria oder in eines der Restaurants, deren Essenszeit eben auch zwischen halb zwei und vier Uhr liegt, worüber sich viele Ausländer wundern.

Nachmittags zwischen sechs und sieben Uhr nehmen besonders Frauen, Kinder und Jugendliche eine Zwischenmahlzeit ein. Es wird Milchkaffee getrunken und etwas Feingebäck oder ein belegtes Brötchen gegessen. Nicht so üblich ist es, nachmittags Torte oder Kuchen zu essen.

Noch verwunderlicher aber kann es sein, wenn in den Sommerurlaubsorten solche festen Essenszeiten gänzlich fehlen, und kaum jemand, nicht einmal die Kinder, vor ein oder zwei Uhr morgens schlafen geht; unter Jugendlichen ist es da fast schon die Regel, sich erst zwischen fünf und sechs Uhr morgens hinzulegen.

Das Olivenöl

«Andalusier von Jaen / stolze Olivenpflücker ...», so beginnt Miguel Hernández sein berühmtes Gedicht, das er den Olivenbäumen und denen, die auf den Plantagen arbeiten, gewidmet hat. Die andalusische Provinz Jaen ist das größte Olivenanbaugebiet von ganz Spanien. Es gibt kaum

y sedantes que la que produce la contemplación del mar de olivos que, en grandes extensiones, cubren la provincia de Jaén.

Con la llegada de los primeros fríos, en el mes de noviembre, se puede ver como los campos de olivos van llenándose de jornaleros que empiezan la recogida de la aceituna, tarea que durará hasta finales del mes de enero. Los trabajadores tienen que «varear» (golpear con varas) los olivares, para que caiga el fruto. En general, es un trabajo bastante duro y no siempre bien pagado; pero será la única ocupación para algunos jornaleros, en medio de una año de paro continuado.

Gran parte de la cosecha de aceitunas se dedica a la extracción del aceite de oliva, del que España es el primer productor mundial y tradicional exportador.

Probablemente originario de Egipto o de Asia Menor, el cultivo del olivo fue introducido en España por los fenicios. En la época de la dominación romana, el aceite de oliva de Hispania era muy apreciado por los colonizadores, quienes lo exportaban a la capital de su Imperio. Más tarde Colón lo llevaría en sus viajes hacia el Nuevo Mundo.

Durante siglos el aceite de oliva ha formado parte de la dieta española, tanto en crudo (especialmente para aliño de ensaladas) como en guisos o frituras.

Para los europeos del Norte es un poco rara la costumbre española, y en general mediterránea, de freir los alimentos en aceite, en vez de usar mantequilla o margarina. Sin embargo, actualmente se ha comprobado que la dieta mediterránea es muy saludable y prolonga las expectativas de vida.

Ya sea por esto o a causa de su exquisito sabor, en los últimos años ha aumentado el consumo de aceite de oliva en muchos países fuera del área mediterránea.

einen wohltuenderen und beruhigenderen Eindruck von einer Landschaft als den bei der Betrachtung dieses endlos scheinenden Meeres von Olivenbäumen.

Mit Beginn der ersten Fröste im November sieht man, wie sich auf den Olivenplantagen die Saisonarbeiter einfinden, um mit der Ernte zu beginnen. Es ist eine Arbeit, die bis Ende Januar dauert. Die Arbeiter müssen die Olivenbäume «abschlagen», das heißt mit Stangen auf die Bäume einschlagen, dass die Früchte herunterfallen. Es ist eine ziemlich harte und meistens schlecht bezahlte Arbeit; aber für manche Tagelöhner ist es die einzige Erwerbsmöglichkeit während eines Jahres ständiger Arbeitslosigkeit.

Den Großteil der Olivenernte nimmt man für die Olivenölgewinnung; Spanien steht als Erzeugerland weltweit an erster Stelle und ist seit jeher einer der wichtigsten Exporteure von Olivenöl.

Ursprünglich wurden Olivenbäume wahrscheinlich in Ägypten oder Kleinasien angebaut. Nach Spanien wurden sie von den Phöniziern eingeführt. Zur Zeit der römischen Herrschaft war das Olivenöl aus Hispanien bei den Kolonialherren sehr geschätzt, und sie brachten es in die Hauptstadt des Reiches. Jahrhunderte danach nahm es Kolumbus auf seinen Reisen in die Neue Welt mit.

Schon jahrhundertelang gehört Olivenöl zur spanischen Küche; es wird sowohl roh – besonders zum Anmachen von Salaten – als auch zum Kochen und Braten genommen.

Den Nordeuropäern kommt der spanische – und überhaupt mittelmeerische – Gebrauch, mit Öl zu braten statt mit Butter oder Margarine, seltsam vor. Jedoch ist neuerdings nachgewiesen worden, dass die Ernährung im Mittelmeerraum besonders gesund ist und die Lebenserwartung verlängert.

Sei es aus diesem Grunde, sei es aus Gründen des Wohlgeschmacks – seit einigen Jahren steigt der Verbrauch von Olivenöl in vielen Ländern außerhalb der mediterranen Welt.

Los Reyes Católicos, Carlos V y Felipe II

Entre 1479 y 1598 se suceden tres reinados que proporcionaron a España la mayor grandeza de su historia.

El matrimonio entre Isabel de Castilla y Fernando de Aragón, los Reyes Católicos, permitió la unión de los dos reinos, convertidos ya ambos monarcas en reyes de España. En 1492 dieron fin a la reconquista con la toma de Granada.

En ese mismo año, bajo el patrocinio de Castilla, Colón descubrió América.

La mayor preocupación de los Reyes Católicos era la mezcla de religiones en su reino. Querían conseguir que el catolicismo fuera la única religión, y, para impedir desviaciones y luchar contra la herejía, crearon en 1478 el Tribunal de la Inquisición, dirigido en principio contra los judíos conversos sospechosos.

La intolerancia religiosa de los Reyes Católicos culminó con la expulsión de los judíos y musulmanes no conversos. Este hecho constituyó una gran pérdida para la economía, la ciencia y la cultura del país.

Carlos V era nieto de los Reyes Católicos y al mismo tiempo del emperador Maximiliano de Austria. Al heredar la corona española introdujo allí la dinastía de los Austrias, por lo que se le llamó Carlos I de España y, como emperador, Carlos V de Alemania.

Su enorme poder se vio acrecentado por el oro que continuamente llegaba de America. Pero la utilización de gran parte de esas riquezas para financiar las constantes guerras europeas, en las que – como emperador – intervino Carlos V, supuso para la corona española una grave disminución de su poderío económico.

Die Katholischen Könige, Karl V. und Philipp II.

Zwischen 1479 und 1598 folgten drei Regierungen aufeinander, die Spanien die größte Bedeutung seiner Geschichte verschafften.

Die Ehe zwischen Isabella von Kastilien und Ferdinand von Aragonien, den Katholischen Königen, ermöglichte die Vereinigung der beiden Königreiche und machte die beiden Monarchen zu Königen von Spanien. 1492 vollendeten sie mit der Einnahme Granadas die Reconquista.

Unter der Schirmherrschaft Kastiliens entdeckte Kolumbus im selben Jahr Amerika.

Große Sorge bereitete den Katholischen Königen die Mischung der Religionen in ihrem Königreich. Sie wollten eine einheitliche Religion durchsetzen: das römisch-katholische Christentum. Um Abweichungen zu verhindern und zur Bekämpfung des Ketzertums wurde 1478 das Inquisitionsgericht geschaffen, das sich anfangs gegen die Juden richtete, die zum Christentum übergetreten waren, aber sich verdächtig gemacht hatten. Die religiöse Unduldsamkeit der Katholischen Könige fand ihren Höhepunkt in der Vertreibung der nichtkonvertierten Juden und Mohammedaner. Diese Maßnahme stellte einen großen Verlust für die Wirtschaft, die Wissenschaft und die Kultur des Landes dar.

Karl V. war gleichzeitig der Erbe und Enkel der Katholischen Könige und des «Römischen Kaisers Deutscher Nation», Maximilian von Habsburg. Mit ihm begann die Habsburger Dynastie in Spanien. Dort heißt er Karl I. von Spanien, für die Deutschen ist er Karl V.

Seine gewaltige Macht wurde noch durch die fortwährenden Goldlieferungen aus Amerika gesteigert. Aber der Verbrauch großer Teile dieser Reichtümer, mit denen Kaiser Karl V. die ständigen Kriege in Europa finanzierte, in die er sich – in seiner Eigenschaft als Kaiser – einmischte, bedeutete für die spanische Krone eine erhebliche Minderung ihrer wirtschaftlichen Kraft.

Dentro de España tuvo que hacer frente al levantamiento de los Comuneros de Castilla, poco dispuestos a aceptar a un rey extranjero.

Su hijo Felipe II (cuya madre era una infanta portuguesa) heredó también la corona de Portugal, por lo que reinó sobre toda la Península y reunió además bajo su cetro el mayor imperio del mundo.

Continuó la política de guerras – sobre todo en defensa del catolicismo – emprendida por su padre, lo que acabaría arruinando las arcas del Estado. Con la derrota de su Armada Invencible a manos de los ingleses, comenzó el declive del poderío ibérico.

El rápido éxito conseguido en poco más de un siglo por España irá seguido de una profunda decadencia, que se acentuará durante los reinados de los sucesores de Felipe II, y que culminará al finalizar el siglo XIX con la pérdida de las últimas colonias de América.

Innerhalb Spaniens hatte er sich mit den Stadtgemeinden Kastiliens herumzuschlagen, die sich sträubten, einen ausländischen König anzuerkennen.

Karls Sohn Philipp II. erbte auch die Krone von Portugal (seine Mutter war eine portugiesische Prinzessin), weshalb er die ganze Halbinsel regierte und unter seinem Zepter das größte Weltreich vereinigte.

Philipp II. setzte die von seinem Vater besonders zur Verteidigung des Katholizismus begonnene kriegerische Politik fort, die schließlich die Schatzkammer des Staates ruinierte. Mit der Zerschlagung seiner Flotte, der «unbesiegbaren» Armada, durch die Engländer begann der Verfall der iberischen Macht.

Dem schnellen, in weniger als einem Jahrhundert erreichten Aufstieg Spaniens folgte eine lange Zeit des Niedergangs, der sich während der Regierungszeiten der Nachfolger Philipps noch verschärfte und der Ende des 19. Jahrhunderts mit dem Verlust der letzten Kolonien in Amerika seinen Schlusspunkt fand.

Las Fallas de Valencia

En el mes de marzo, las Fallas convierten a la ciudad de Valencia en una fiesta constante de colorido, ruido y olor a pólvora. Su cielo azul primaveral por el día, se llena por la noche con las luces multicolores de los fuegos artificiales.

La palabra «falla» significa en origen hoguera. Las fallas son grandes monumentos de madera y cartón, sobre temas humorísticos y satíricos, de tipo político, social y cultural, destinados a quemarse. El monumento central se completa con unos pequeños muñecos: los «ninots». El sentido crítico de cada falla se explica en letreros escritos en valenciano, un dialecto del catalán. En total se plantan más de 350 fallas.

El origen de estas fiestas se remonta al siglo XVI. En principio fue una fiesta de los carpinteros. A la llegada de la primavera, el día de su patrón San José, quemaban los restos de madera de sus talleres en una gran hoguera, que acompañaban con música y cohetes.

Actualmente la Semana Fallera transcurre entre el 13 y el 19 de marzo, día de San José. Aunque desde el comienzo del mes hay festejos diversos relacionados con las fallas.

La fiesta empieza cada día a las 8 de la mañana lanzando cohetes por las calles, en la llamada «despertá». Después seguirán durante todo el día diversos pasacalles con bandas de música, disparos de cohetes al cielo («mascletás»), cabalgatas y ofrendas de flores a la Virgen. Por las tardes hay, además, corridas de toros y por las noches fuegos artificiales y bailes populares en algunas fallas.

Durante las Fallas, contrariamente a lo que ocurre en otras fiestas españolas, apenas se bebe alcohol. La bebida típica es el chocolate, que se to-

Die Fallas von Valencia

Die Fallas verwandeln Valencia jedes Jahr im März in ein Fest aus Farbenpracht, Lärm und Knallkörpergeruch. Der tagsüber frühlingshaft blaue Himmel über der Stadt füllt sich in der Nacht mit den bunten Lichtern der Feuerwerke.

Das Wort «falla» bedeutet ursprünglich Holzfeuer. Aber längst hat es die Bedeutung «Kolossalfiguren aus Holz und Pappmaschee» erhalten, die humoristisch und satirisch politische, soziale und kulturelle Themen darstellen. Die Figuren sind dazu bestimmt, hinterher verbrannt zu werden. Die Hauptfalla wird von kleinen Figuren, den «Ninots», ergänzt. Auf Schrifttafeln wird die kritische Bedeutung einer jeden Falla erklärt, und zwar auf valencianisch, einem Dialekt des Katalanischen. Bei jedem Fest werden insgesamt mehr als 350 Fallas aufgestellt.

Der Ursprung dieses Festes geht bis ins 16. Jahrhundert zurück. Damals waren die Fallas ein Fest der Tischler, die zum Frühlingsbeginn am Tag ihres Schutzpatrons Sankt Josef die Holzreste aus ihren Werkstätten in einem großen Holzfeuer verbrannten, was mit Musik und Feuerwerk begleitet wurde.

Heutzutage sind die eigentlichen Fallas zwischen dem 13. und dem 19. März, dem Sankt-Josefs-Tag. Doch schon am Monatsanfang gibt es etliche Festakte, die mit den Fallas in Zusammenhang stehen.

Jeden Tag um acht Uhr morgens beginnt das Fest mit dem sogenannten «Wachet auf»-Signal, bei dem überall in den Straßen Knallkörper geworfen werden. Danach folgen den ganzen Tag lang verschiedene folkloristische Vorbeimärsche mit Spielmannszügen, Kanonenschlägen und Raketen, die gen Himmel geschossen werden, den sogenannten «mascletás», mit Umzügen und Blumenopfern für die Jungfrau Maria. Nachmittags gibt es dann Stierkämpfe und nachts Feuerwerke und Volkstänze.

Während der Fallas wird im Gegensatz zu anderen spanischen Festen kaum Alkohol getrunken. Heiße Schoko-

ma acompañado de buñuelos, dulces hechos con harina y fritos en aceite.

Por fin, la noche del día 19 tiene lugar la «nit del foc» o noche del fuego. A partir de las doce se van quemando todas las fallas en una fabulosa orgía de hogueras, cohetes y fuegos artificiales.

Al día siguiente, los artistas falleros empezarán ya a trabajar en las fallas del año siguiente.

La universidad de Salamanca

La universidad de Salamanca se considera la más antigua de España y es, al mismo tiempo, una de las primeras universidades fundadas en Europa. Junto con las de Bolonia, París y Oxford formaban lo que se llamó «las cuatro lumbreras del mundo católico».

Data del siglo XIII y su fundación se debe al rey leonés Alfonso IX. Pronto se convirtió en el centro universitario más importante de Castilla y, posteriormente, de toda España, al alcanzarse la unidad nacional con los Reyes Católicos. En esta universidad se imprimió la primera «Gramática castellana» de Antonio de Nebrija, y en ella estudiaron grandes figuras de la cultura española, como Calderón de la Barca y San Juan de la Cruz.

Claro que los estudiantes no se dedicaban exclusivamente a estudiar. Entre las curiosas costumbres estudiantiles de Salamanca en el siglo XVII llama la atención la celebración del Lunes de Aguas. En aquella época, durante la Cuaresma, se echaba a las prostitutas de la ciudad, enviándolas al otro lado del río Tormes. Pero tras los cuarenta días de «abstinencia», el Lunes de Pascua pasaban los estudiantes el río en barca, para ir a buscarlas y devolver

lade ist das typische Getränk. Dazu isst man süßes in Öl gebackenes Hefegebäck, eine Art Krapfen.

Zum Abschluß des Festes ist in der Nacht zum 19. März die Feuernacht, «Nit de foc». Ab Mitternacht werden alle Fallas verbrannt. Es ist eine sagenhafte Orgie von hochlodernden Flammen, Raketen und Feuerwerken.

Schon am folgenden Tag beginnen die Fallakünstler an den Figuren des kommenden Jahres zu arbeiten.

Die Universität von Salamanca

Als die älteste Universität von Spanien gilt die von Salamanca; sie ist zugleich eine der ersten, die in Europa gegründet wurden. Zusammen mit denen von Bologna, Paris und Oxford bildete sie die, wie man sie nannte, «vier Leuchten der katholischen Welt».

Ihre Gründung im 13. Jahrhundert verdankt sie dem König Alfons IX. von Leon. Schon bald entwickelte sie sich zum wichtigsten Universitätszentrum von Kastilien und, nachdem die Katholischen Könige die nationale Einheit zwischen Kastilien und Aragonien hergestellt hatten, von ganz Spanien. In dieser Universität wurde die erste «Grammatik in kastilischer Sprache» von Antonio de Nebrija gedruckt, und es studierten dort große Persönlichkeiten der spanischen Kulturgeschichte, wie der Dramatiker Calderón de la Barca und der Dichter San Juan de la Cruz.

Natürlich widmeten sich die Studenten nicht immer nur ihrem Studium. Zu den eigentümlichen Studentenbräuchen von Salamanca im 17. Jahrhundert gehört die Feier des «Wassermontags»: Damals wurden während der Fastenzeit die Prostituierten aus der Stadt verwiesen und auf die andere Seite des Flusses Tormes geschickt. Doch nach vierzig Tagen «Abstinenz» überquerten die Studenten am Ostermontag den Fluss mit Booten, um die sehnsüchtig vermissten Liebesdienerinnen aufzusuchen und in die Stadt

así a la ciudad a sus añoradas profesionales del amor. A este día se le llamó el Lunes de Aguas.

La universidad de Salamanca es famosa también por la belleza de su arquitectura, especialmente por su fachada plateresca. Entre los muchos detalles que la adornan, sólo con dificultad se puede descubrir la rana, a la que los estudiantes han atribuido desde siempre suerte en los exámenes.

Dentro del edificio de la universidad lo más curioso es la cátedra de fray Luis de León. Milagrosamente, se conserva tal como era en el siglo XVI, cuando desde su púlpito el fraile agustino enseñaba Teología. La estatua de Fray Luis delante de la universidad es un símbolo del liberalismo frente a la opresión: el eminente teólogo había sido encarcelado por la Inquisición a causa de sus ideas.

A principios del siglo XX el filósofo y escritor Miguel de Unamuno fue prestigioso profesor y rector de la universidad de Salamanca.

Actualmente Salamanca es la universidad más famosa, tanto a nivel nacional como internacional, para el estudio de la Lengua y Literatura españolas.

Romance del Conde Olinos

En la literatura española medieval destacan, por su frescura y originalidad, los romances. Son poemas anónimos, escritos para ser cantados. La mayoría trataban temas caballerescos, amorosos o históricos. Durante los siglos XIV y XV juglares y trovadores los cantaban, acompañados de instrumentos musicales.

Muchos romances se han conservado transmitidos oralmente de padres a hijos; lo que ha dado lugar a que de algunos hayan llegado hasta nosotros distintas versiones.

zurückzubringen. Dieser Tag wurde «Wassermontag» genannt.

Die Universität von Salamanca ist auch wegen ihrer schönen Architektur berühmt, besonders wegen ihrer Fassade im platéresken Stil. Unter den vielen Details, die sie zieren, kann man nicht leicht den Frosch entdecken, der den Studenten von jeher Glück bei den Klausuren bringen sollte.

Besonders beachtenswert im Universitätsgebäude ist das Pult des Klosterbruders Luis von León. Erstaunlicherweise ist es noch so erhalten, wie es im 16. Jahrhundert gewesen war, als der Augustinermönch von dort Theologie lehrte. Die Statue von Bruder Luis vor der Universität ist eine Demonstration der Freiheitlichkeit gegenüber der Unterdrükkung: Der bedeutende Theologe war wegen seiner Gedanken von der Inquisition ins Gefängnis gesperrt worden.

Anfang des 20. Jahrhunderts war der Philosoph und Schriftsteller Miguel de Unamuno ein außergewöhnlicher Professor und auch Rektor der Universität Salamanca.

Für das Studium der spanischen Sprache und Literatur ist die Universität Salamanca weiterhin national wie international eine der angesehensten.

Die Romanze vom Grafen Olinos

In der spanischen Literatur des Mittelalters sind die Romanzen für ihre Eingängigkeit und Ursprünglichkeit berühmt. Es sind Gedichte anonymer Herkunft, die zum Singen bestimmt sind. Der Inhalt sind meistens Heldentaten oder Liebesgeschichten oder Historien. Im 14. und 15. Jahrhundert wurden sie von Spielleuten – Troubadouren – gesungen und mit Instrumenten begleitet.

Viele Romanzen sind dadurch erhalten geblieben, dass sie mündlich von Generation zu Generation weitergegeben wurden; das hat freilich auch dazu geführt, dass es von einigen mehrere Fassungen gibt.

Uno de los más difundidos, y que aún se canta hoy en día, es el que cuenta la historia del Conde Olinos. Se supone que data del siglo XV.

Ésta es quizá la versión más conocida del mismo, recogida por escrito en el siglo XIX:

> Madrugaba el Conde Olinos,
> mañanita de San Juan,
> a dar agua a su caballo
> a las orillas del mar.
>
> Mientras el caballo bebe
> canta un hermoso cantar,
> las aves que iban volando,
> se paraban a escuchar.
>
> «Bebe, mi caballo bebe,
> Dios te me libre del mal,
> de los vientos de la tierra
> y de las furias del mar.»
>
> La reina, desde la torre,
> escuchaba este cantar;
> «Mira, hija, cómo canta
> la sirena de la mar.»
>
> «No es la sirenita, madre,
> que esa tiene otro cantar;
> es la voz del Conde Olinos,
> que por mí penando está.»
>
> «Si es la voz del Conde Olinos,
> yo le mandaré matar;
> que para casar contigo
> le falta la sangre real.»
>
> «No le mande matar, madre,
> no le mande usted matar;
> que si mata al Conde Olinos
> a mí la muerte me da.»

Eine besonders weit verbreitete Romanze, die noch heute gesungen wird, erzählt vom Grafen Olinos. Man nimmt an, dass sie aus dem 15. Jahrhundert stammt.
Die vielleicht bekannteste der im 19. Jahrhundert aufgezeichneten Fassungen ist diese:

> Graf Olinos stand frühmorgens
> am Sankt Johannistag auf,
> um seinem Pferd
> am Meeresufer Wasser zu geben.
>
> Während das Pferd trank,
> sang er ein liebliches Lied,
> die Vögel, die vorbeiflogen,
> machten halt, um es zu hören.
>
> «Trink, mein Pferd, trink,
> Gott bewahre dich vor allem Schlechten,
> vor den Stürmen des Landes und
> vor dem Zorn des Meeres.»
>
> Die Königin hörte vom Turme her
> dem Lied zu.
> «Horch, Tochter, wie die
> Meerjungfrau singt.»
>
> «Das ist nicht die Meerjungfrau, Mutter,
> die singt auf andere Weise;
> es ist die Stimme des Grafen Olinos,
> der meinetwegen leidet.»
>
> «Wenn es die Stimme des Grafen Olinos ist,
> will ich nach ihm schicken und ihn töten lassen;
> denn um dich zu heiraten,
> fehlt ihm das königliche Blut.»
>
> «Lassen Sie ihn nicht töten, Mutter,
> lassen Sie ihn nicht töten!
> Wenn Sie den Grafen Olinos töten,
> bringen Sie auch mir den Tod.»

Guardias mandaba la reina
al Conde Olinos buscar;
que le maten a lanzadas
y echen su cuerpo a la mar.

La infantina, con gran pena,
no cesaba de llorar.
Él murió a la media noche
y ella a los gallos cantar.

Los toros

La fiesta de los toros es algo que divierte a 55 millones de espectadores cada año, y que produce, al mismo tiempo, controversias, literatura y sangre.

Muchos piensan – y entre ellos algunos españoles – que el toreo es un espectáculo violento que debería prohibirse. La mayoría de los españoles opina, sin embargo, que es un tipo de arte muy español que debe conservarse.

La ceremonia taurina parece resucitar atavismos de los sacrificios prehistóricos. La corrida se puede considerar un símbolo de la lucha, y la victoria, del hombre sobre la naturaleza. Este enfoque de las corridas, lleno de magia y belleza, ha cautivado a multitud de artistas e intelectuales y, por ello, los toros han servido, con frecuencia, de argumento o motivo en el arte y en la literatura. Aparecen en las pinturas de Goya o de Picasso, en las poesías de García Lorca y en las narraciones de algunos escritores, como Hemingway.

La música española está impregnada de referencias toreras. Esto se observa sobre todo en el flamenco y en el pasodoble. El pasodoble (que se toca precisamente durante las corridas) parece represen-

Die Königin sandte ihre Wachen aus,
den Grafen Olinos zu suchen,
durch Lanzenstiche zu töten
und seinen Leichnam ins Meer zu werfen.

Die Infantin, in großem Schmerz,
hörte nicht auf zu weinen.
Er starb um Mitternacht
und sie beim Hahnenschrei.

Der Stierkampf

Jahr für Jahr fesselt das Fest des Stierkampfes 55 Millionen Zuschauer und erzeugt gleichzeitig heftige Auseinandersetzungen, Literatur und Blut.

Viele – darunter auch etliche Spanier – denken, der Stierkampf ist ein gewalttätiges Schauspiel, das verboten werden müsste. Doch die meisten Spanier sind der Meinung, dass es eine speziell spanische Kunstform ist, die es zu erhalten gilt.

In der Stierkampfzeremonie scheint der Atavismus vorgeschichtlicher Opferrituale weiterzuleben. Manche sagen, der Stierkampf symbolisiere den Kampf des Menschen mit der Natur und den Sieg über die Natur. Diese Vorstellung von Stierkampf, sein Zauber, seine formale Schönheit, hat immer wieder viele Künstler und Intellektuelle bewegt, weswegen der Stierkampf oft als Motiv oder Handlungshintergrund in Kunst und Literatur gedient hat. Der Stierkampf taucht auch in der Malerei von Goya und Picasso auf, in Gedichten von García Lorca und in Erzählungen von einigen Schriftstellern, zum Beispiel Hemingway.

Bedeutsam hat der Stierkampf auch auf die spanische Musik gewirkt. Das kann man besonders beim Flamenco und beim Pasodoble beobachten. Der Pasodoble (der ja während des Stierkampfes gespielt wird) scheint einen ri-

tar una danza ritual en la que se ejecutan una serie de pases toreros.

El toreo, en fin, deja sentir su influencia hasta en nuestro idioma. Decimos que alguien «ve los toros desde la barrera» cuando observa sin participar, o que «agarramos al toro por los cuernos» cuando nos enfrentamos con decisión a un problema.

El castellano o español

El romance castellano tuvo sus orígenes en las montañas de Cantabria.

Desde finales del siglo XI la hegemonía política de los castellanos sobre los reinos vecinos trajo consigo también el predominio de su lengua.

tuellen Tanz darzustellen, bei dem man mehrere Schritte des Stierkämpfers ausführt.

Schließlich wirkt der Stierkampf bis in unsere Sprache, in unsere Ausdrucksweise hinein. Wir sagen, daß jemand «die Stiere von der Bande aus sieht», wenn er nur beobachtet, ohne sich zu beteiligen, und dass «wir den Stier bei den Hörnern packen», wenn wir uns entschlossen einer Herausforderung stellen.

Kastilisch oder Spanisch

Das kastilische Romanisch hat seinen Ursprung in den Bergen von Kantabrien.

Die politische Vormachtstellung der Kastilier über die benachbarten Königreiche seit dem 11. Jahrhundert hat auch eine Vorherrschaft ihrer Sprache mit sich gebracht.

Si bien el primer texto escrito en romance castellano – las «Glosas emilianenses» – data del siglo X, es en el siglo XIII cuando nace la prosa en lengua romance y empieza a competir con el latín como lengua culta. En la misma época Alfonso X, el Sabio, rey de Castilla y de León, convirtió al castellano en lengua oficial de su reino.

Tras la reconquista, con la repoblación realizada por Castilla, el castellano irá extendiéndose hacia el Sur de la Península.

A lo largo de los siglos XIV y XV se va enriqueciendo el idioma con las obras de diversos autores, llegando a alcanzar su mayor perfección en «La Celestina» de Fernando de Rojas, que reúne de forma magistral el castellano popular y culto del siglo XV. La «Gramática de la lengua castellana» de Antonio de Nebrija (1492) será la primera reglamentación de una lengua romance.

En el siglo XVI, tras la unificación estatal hecha por los Reyes Católicos, el castellano pasó a ser lengua española y adquirió carácter universal.

Entre los siglos XVI y XVII se generalizó la pronunciación actual de la «z» y la «j», y la «h» aspirada se convirtió en muda. Además el castellano amplió su léxico con palabras procedentes de Hispanoamérica y también de algunas lenguas europeas.

Por otro lado, hay que señalar la gran influencia que había ejercido el árabe sobre el castellano, durante la época de dominio musulmán en la Edad Media. Al castellano se incorporaron nombres como Guadalquivir, aceituna, alférez, alfombra y alfarería, relacionados con la geografía, la agricultura, el ejército, el comercio y la artesanía.

Hoy en día, en el español hablado en América se aprecian junto a los rasgos de las distintas lenguas nativas – algunos arcaismos del siglo XVI y

Zwar stammt der erste kastilisch verfasste Text – die Emilianischen Glossen – aus dem 10. Jahrhundert, doch erst im 13. Jahrhundert entstanden Prosawerke in dieser spanischen Sprache, die nun anfing, als Kultursprache mit dem Lateinischen zu wetteifern. Alfons X., der Weise, König von Kastilien und Leon, erklärte im 13. Jahrhundert das Kastilische zur offiziellen Sprache seines Königreiches.

Nach der Reconquista und mit der Wiederbesiedlung, die von Kastilien aus betrieben wurde, breitete sich die kastilische Sprache bis in den Süden der Halbinsel aus.

Im 14. und 15. Jahrhundert erfuhr die Sprache eine Bereicherung durch einige literarische Werke, deren gelungenstes «La Celestina» von Fernando de Rojas ist. Darin ist auf meisterhafte Weise das im Volk gesprochene mit dem gebildeten Kastilisch des 15. Jahrhunderts zu einer Einheit verbunden. Die «Grammatik der kastilischen Sprache» von Antonio de Nebrija (1492) ist das erste grammatische Regelwerk einer spanischen Sprache.

Nach der Verbindung der Katholischen Könige im 16. Jahrhundert wurde das Kastilische als die spanische Sprache bezeichnet und wurde dadurch zur Weltsprache.

Zwischen dem 16. und 17. Jahrhundert setzte sich die heute gültige Aussprache der Laute «z» und «j» allgemein durch, und der Hauchlaut «h» entwickelte sich zu einem stummen Laut. Außerdem wurde der spanische Wortschatz mit Wörtern aus Spanisch-Amerika und aus einigen europäischen Ländern erweitert.

Es ist noch zu erwähnen, daß das Arabische zur Zeit der Muselmanen-Herrschaft im Mittelalter einen großen Einfluß auf das Kastilische ausgeübt hat. Namen wie Guadalquivir und manche Wörter, die mit Geographie, Landwirtschaft, Heer, Handel und Kunsthandwerk zu tun haben (Olive, Fähnrich, Teppich, Töpferei), sind aus dem Arabischen übernommen.

In dem Spanisch, das heute in Amerika gesprochen wird, sind – neben den Besonderheiten der Ursprungssprachen – einige veraltete Ausdrücke aus dem 16. Jahrhundert zu

una clara influencia del habla andaluza, como el «seseo», por el origen andaluz de muchos colonizadores.

Actualmente el español se habla – además de en España – en América, desde el Sur de EUA hasta Chile y Argentina (excepto en Brasil, las Guayanas y en algunas zonas del Caribe). En África lo hablan en Guinea Ecuatorial y en algunos puntos de la costa norte y oeste. En Asia quedan algunas minorías hispanohablantes en Filipinas. En total lo hablan unos 340 millones de personas y es lengua oficial en 20 países. En el año 2000, por el aumento de la población que experimentará Hispanoamérica, 7 de cada 100 personas en el mundo serán hispanohablantes.

Terminaremos con un fragmento del poema de Gabriel Celaya «Hablando en castellano»:

Hablando en castellano,
decir tinaja, ceniza, carro, pozo, junco, llanto,
es decir algo tremendo, ya sin adornos, logrado,
es decir algo sencillo y es mascar como un regalo
frutos de un largo trabajo.

Madrid

Madrid fue escogida por Felipe II como capital de España por su situación en el centro geográfico de la Península. En principio era una ciudad amurallada; pero pronto escapó de esta esclavitud ensanchándose por doquier. Sus habitantes están convencidos de que no hay otra ciudad más bonita en el mundo, y tienen a gala recitar un refrán que dice: «De Madrid ... al cielo».

Pasear por las calles angostas y empedradas del

bemerken, desgleichen Einflüsse des Andalusischen, zum Beispiel das «seseo» (die Aussprache des Lautes «zeta» als s): viele Kolonialisten waren andalusischer Herkunft.

Spanisch spricht man gegenwärtig – außer in Spanien – in Amerika, vom Süden der Vereinigten Staaten bis Chile und Argentinien (nur nicht in Brasilien, Guayana und in einigen Gebieten der Karibik). In Afrika wird in Äquatorialguinea und in einigen Regionen an der Nord- und Westküste Spanisch gesprochen. In Asien gibt es noch einige spanischsprachige Minderheiten auf den Philippinen. Insgesamt sprechen ungefähr 340 Millionen Menschen spanisch und in 20 Ländern ist Spanisch die offizielle Sprache. Im Jahre 2000 werden aufgrund des Bevölkerungswachstums, das in Lateinamerika besonders groß ist, 7 von 100 Menschen auf der Welt Spanisch sprechen.

Wir schließen mit einem Auszug aus dem Gedicht «Spanisch sprechen» von Gabriel Celaya:

Spanisch sprechen,
– Krug, Asche, Karren, Brunnen, Binse, Trauer –
heißt Gewaltiges sagen, Ungeziertes, Gelungenes,
heißt Einfaches sagen, heißt geschenkte Früchte kauen,
Früchte einer langen Arbeit.

Madrid

Philipp II. erkor Madrid zur Hauptstadt Spaniens, weil es im geografischen Mittelpunkt der Halbinsel lag. Anfangs war Madrid eine mit Mauern umgebene Stadt; doch bald befreite sie sich aus dieser Enge und breitete sich nach allen Seiten aus. Ihre Bewohner sind überzeugt, dass es keinen schöneren Ort auf Erden gibt, und prahlen gern, indem sie das Sprichwort zitieren, das sagt: «Von Madrid aus direkt zum Himmel».

Durch die engen gepflasterten Straßen des Madrid der

Madrid de los Austrias, que conducen al Palacio Real, es evocar el aire revolucionario, que levantó al pueblo madrileño contra la ocupación francesa en 1808.

Si se quieren aires más románticos, nada mejor que pasear por el viaducto, lugar preferido por los madrileños, con problemas de amores u otros males, que deciden suicidarse.

Madrid es ciudad de arte y cultura: museos (como el del Prado), galerías, teatros, ópera y otros espectáculos. También es lugar de buen comer y beber en cualquiera de sus restaurantes, tascas, bodegas o bares; y de paseos por la Gran Vía o por los jardines del Retiro. Pero además es anarquía, atascos y «movida» noctámbula. Mezcla de gran ciudad y aires perdidos de provincianismo.

El río Manzanares baña la pradera de San Isidro, inmortalizada en sus pinturas por Francisco de Goya.

Allí iban las modistillas de fin de siglo, el día de San Antonio, a pedirle un novio al Santo y a bailar el «chotis» al son de un organillo.

El progreso se tragó el tipismo, como en su día desapareció la figura del «sereno»: hombre amable, casi siempre gallego; con su ramillete de llaves en la cintura, como si de un San Pedro milagroso se tratara, dispuesto en todo momento a sacarnos de un apuro.

También pasaron aquellas noches calurosas, cargadas del murmullo de los vecinos. Todos sentados junto al portal, para poder respirar el aire de la Sierra madrileña y, de paso, comentar las novedades de la jornada.

Ocupación de mañana dominguera es ir al Rastro, ya que durante el resto de la semana pierde atractivo e interés. Allí, para su compra o venta, se dan cita los mas diversos artículos que la mente

Habsburger zu gehen, die zum Königspalast führen, heißt, die patriotische Stimmung heraufzubeschwören, die 1808 das Volk von Madrid gegen die französischen Besatzung hat aufstehen lassen.

Wenn man eher Romantik wünscht, gibt es nichts Besseres, als über den Viadukt zu gehen. Das ist der bevorzugte Ort für Madrilenen, die aus Liebeskummer oder wegen anderer Probleme zum Selbstmord entschlossen sind.

Madrid ist auch Kunst und Kultur: Museen (zum Beispiel der Prado), Galerien, Theater, Opern, verschiedene Kleinkunstveranstaltungen. Natürlich ist es auch Essen und Trinken: Restaurants, Kneipen, Bodegas, Bars. Madrid bedeutet ebenso Schlendern: die Gran Via entlang oder durch die Parkanlage des Retiro. Aber noch mehr ist es Anarchie, Autostaus und nächtliches Szenenleben. Ein Gemisch aus Großstadt und Provinz-Überbleibseln.

Der Fluss Manzanares bewässert die Auen von San Isidro, die Francisco de Goya in seinen Gemälden verewigt hat. Noch Ende des vorigen Jahrhunderts flanierten dort die jungen Näherinnen am San-Antonio-Tag; sie tanzten hier zum Klang einer Drehorgel den «Chotis», und baten den Heiligen um einen Ehemann.

Der Fortschritt hat vieles unverkennbar Typische geschluckt. So verschwand eines Tages der «Sereno», der Nachtwächter: ein netter Mensch mit Schlüsselbund am Gürtel, meistens Galicier, der jederzeit bereit war, einen wie ein wundertätiger San Pedro aus einer Notlage zu befreien.

Auch die warmen Nächte, die erfüllt waren vom Schwatzen der Nachbarn, gibt es nicht mehr. Alle saßen neben dem Hauseingang, um die Luft, die von den Bergen Madrids kommt, zu atmen und nebenbei die Neuigkeiten des Tages auszutauschen.

Am Sonntagmorgen kann man zum «Rastro» gehen, denn während der Woche hat dieser Flohmarkt seinen Reiz verloren. Dort, sei es zum Ankauf oder zum Verkauf, geben sich die unterschiedlichsten Gegenstände, die sich

humana haya podido imaginar. Hay que estar dispuesto a soportar empujones y multitudes, ir preparado para el regateo y la posible estafa y llevar bien escondida la cartera. Pero el encanto está asegurado.

Música y bailes españoles

Cuando se reúne un grupo de españoles para celebrar algo, no se limitan a comer y a beber para divertirse. Es frecuente acompañar la fiesta con canciones populares (españolas o hispanoamericanas) que todos corean, con más o menos acierto, pero con gran entusiasmo. No pocas veces se termina también bailando, con lo que se completa la juerga.

El baile se considera ingrediente fundamental de las fiestas, ya sean populares o privadas. Curiosamente, los españoles no suelen aprender a bailar en academias, sino simplemente practicando desde pequeños.

En las academias de baile se aprenden más bien bailes folklóricos, casi siempre andaluces, sobre todo las popularísimas «sevillanas». Esto parece confirmar la identificación entre folklore andaluz y español, que se da frecuentemente fuera de nuestro país. Es cierto que los bailes andaluces, tan llenos de movimiento, alegría y pasión, parecen muy adecuados al carácter hispano. A pesar de ello, no es el flamenco el baile popular más extendido por toda España, sino la jota.

Aunque la jota es el baile típico de Aragón, de ella se pueden encontrar variantes en casi todas las regiones españolas: jota navarra, jota castellana, jota gallega, y un largo etcétera. (Hay quien supone que la jota es la sucesora de algunas danzas

der Menschenverstand vorstellen kann, ein Stelldichein. Man muss bereit sein, Geschubse und Menschenmassen zu ertragen, muss sich auf Feilschen einstellen, auf eine Schwindelei gefasst sein und die Brieftasche tief versteckt bei sich tragen. Doch ein Erlebnis ist es auf jeden Fall.

Spanische Musik und Tänze

Wenn Spanier sich im größeren Kreise versammeln, um etwas zu feiern, besteht der Spaß nicht nur im Essen und Trinken. Häufig werden die Feste mit spanischen oder lateinamerikanischen Volksliedern begleitet, die von allen im Chor mehr oder weniger richtig, aber mit großer Begeisterung mitgesungen werden. Nicht selten wird schließlich auch getanzt, wodurch eine Feierlichkeit erst so richtig vollständig wird.

Der Tanz ist fester Bestandteil bei jedem Volksfest und bei jeder privaten Feier. Eigentümlicherweise lernen die meisten Spanier das Tanzen nicht in Tanzschulen, sondern sie üben es einfach von Kindheit an.

In den Tanzschulen lernt man eher folkloristische Tänze, fast immer andalusische und besonders die beliebten «Sevillanas». Wahrscheinlich kommt es daher, dass außerhalb Spaniens häufig andalusische und spanische Folklore gleichgesetzt wird.

Es stimmt, dass die andalusischen Tänze, voll von Lebendigkeit, Freude und Leidenschaft, sehr zum hispanischen Charakter passen. Dennoch ist der Flamenco nicht der meistgetanzte Tanz in ganz Spanien, sondern die Jota.

Obwohl die Jota als typischer Tanz Aragoniens gilt, kann man in fast allen spanischen Regionen Varianten der Jota vorfinden: Jota von Navarra, Jota von Kastilien, Jota von Galicien und viele andere mehr. (Man nimmt an, dass die Jota eine Nachfolgerin vorrömischer Stammestänze ist,

solares prerromanas, lo que explicaría su generalización.) Se baila por parejas, alternando una serie de saltos alegres y enérgicos con otros pasos más comedidos, al mismo tiempo que se tocan las castañuelas.

La música del pasodoble es muy querida y popular entre los españoles. A sus alegres sones, interpretados por bandas de música, desfilan los pasacalles en las fiestas populares y remata su faena el torero en la plaza. Imprescindible en las verbenas de cualquier pueblo o ciudad de España, con frecuencia sus títulos hacen referencia a algún punto de la geografía española, como los conocidísimos «Valencia» o «Islas Canarias».

La música de un pasodoble es capaz de animar cualquier salón de baile. Al sonar sus primeras notas, la pista se llenará de parejas que, estorbándose unas a otras, evolucionarán con gracia y salero al compás del pasodoble.

La enigmática ermita de San Bartolomé

Cerca del pueblecito soriano de Ucero se encuentra el parque natural del Cañón del río Lobos. Siguiendo el curso del río desde el pueblo, nos encontraremos con el impresionante cañón, excavado por las aguas en el transcurso de los siglos. Al ensancharse forma un valle encuadrado por imponentes paredes rocosas, entre las que anidan los buitres.

Al fondo de este valle, se alza solitaria la ermita de San Bartolomé de Ucero, edificada por los templarios en el siglo XIII.

¿Por qué escogieron un lugar tan apartado?

En su libro «La meta secreta de los templarios», Juan G. Atienza opina que los templarios con fre-

was ihre gemeinsame Grundform erklären würde.) Die Jota tanzt man zu zweit, wobei eine Reihe von freudigen und kraftvollen Sprüngen mit gemäßigteren Schritten abwechseln, während man gleichzeitig dazu die Kastagnetten schlägt.

Die Musik des Pasodoble ist bei den Spaniern sehr beliebt. Zu seinem fröhlichen Rhythmus, von Kapellen auf Volksfesten gespielt, ziehen Umzüge durch die Straßen und beendet der Stierkämpfer mit dem Degen und dem Tuch den Stierkampf in der Arena. Der Pasodoble ist für Tanzabende in den Dörfern und Städten Spaniens unentbehrlich. Seine Titel beziehen sich häufig auf spanische Orte, wie die bekannten Stücke «Valencia» und «Islas Canarias».

Die Musik eines Pasodobles sorgt in jedem Tanzsaal für Stimmung. Beim Erklingen seiner ersten Töne füllt sich die Tanzfläche mit Tanzpaaren, die sich zuerst gegenseitig hindern und dann mehr und mehr auf den Takt des Pasodoble mit Anmut und Charme einschwenken.

Die geheimnisvolle Kapelle San Bartolomé

In der Nähe des sorianischen Örtchens Ucero befindet sich der Naturpark der Schlucht des Rio Lobos oder kurz «Wolfsschlucht». Dem Flusslauf vom Dorf aus folgend, gelangen wir in die eindrucksvolle Schlucht, die das Wasser im Laufe der Jahrhunderte ausgespült hat. Dort, wo sie sich weitet, bildet sie ein Tal, das von mächtigen Felswänden umrahmt wird, in denen die Geier nisten.

Am Ende des Tals steht einsam die Kapelle San Bartolomé von Ucero, die im 13. Jahrhundert von den Rittern des Tempelordens erbaut wurde.

Warum wählten sie einen so abgelegenen Ort aus?

Juan G. Atienza meint in seinem Buch «Die geheimen Ziele des Tempelordens», dass die Templer ihre Gebäude

cuenca emplazaban sus edificaciones en enclaves de difícil acceso, propicios para ocultar sus actividades esotéricas. Lugares considerados de tradición mágica o iniciática, cuya singular posición geográfica tendría influencias en el ser humano.

El emplazamiento geográfico de la ermita de Ucero resulta sorprendente. Está situada con absoluta exactitud en el eje vertical que divide en dos mitades a la Península Ibérica, y a la misma distancia en línea recta (527, 127 km) de sus dos puntos más extremos: el Cabo de Creus al este y el Cabo de Finisterre al oeste.

Su estructura arquitectónica es muy simple. No así algunos de sus elementos decorativos. Tanto el sello de Salomón, que conforma el rosetón del crucero, como las figuras de los canecillos, que rodean completamente la capilla por debajo del tejado, tienen una compleja simbología oculta, desconocida para la gran mayoría en la actualidad.

Los templarios habían comprendido que sólo a través de la edificación de templos podría el hombre transmitir los principios básicos del conocimiento superior a quienes fueran capaces de descifrarlo. Para ello nada mejor que la piedra, capaz de permanecer indeleble a través del tiempo, sin deteriorarse como el papel o la madera.

Hay algo más en este lugar. Frente a la ermita se abre la boca de una gran caverna, ancha, aunque poco profunda, considerada como un centro de ritos ancestrales. Si entramos en la cueva y miramos desde dentro hacia afuera veremos que, curiosamente, la ermita queda perfectamente enmarcada en su abertura.

Este lugar era hasta hace no muchos años un paraje semidesconocido. Sólamente el día de San Bartolomé se abría la ermita y las gentes de los pueblos próximos acudían allí en romería.

häufig in schwer zugänglichen Winkeln ansiedelten, die geeignet waren, ihre esoterischen Rituale verborgen zu halten. Es sind Orte, die von jeher als magisch oder heilbringend galten; allein schon ihre besondere geografische Lage mag einen Einfluss auf den Menschen haben.

In der Tat ist der Standort der Kapelle von Ucero erstaunlich. Er liegt absolut genau auf der Schnittstelle der senkrechten Achse, die die Iberische Halbinsel in zwei Hälften teilt, mit der waagerechten Linie, wo die Entfernung zu den beiden äußersten Punkten – «Cabo de Finisterre» im Westen und «Cabo de Creus» im Osten – die gleiche ist, nämlich 527,127 Kilometer.

Der architektonische Aufbau der Kapelle ist einfach; aber einige ihrer dekorativen Elemente sind es nicht. Sowohl das Siegel Salomons (der Davidstern), das statt einer Rosette das Kreuz umgibt, als auch die Steinfiguren, die unter dem Gesims des Ziegeldachs die Kapelle ganz und gar umgeben, sind von einer geheimen, den meisten Zeitgenossen unbekannten, vielschichtigen Symbolik.

Die Templer waren überzeugt, dass sie nur durch Errichtung von Gotteshäusern die Grundregeln für ein höheres Bewusstsein weitergeben könnten – an diejenigen, die imstande seien, sie zu begreifen. Dafür gab es nichts besseres als Stein, der imstande war, die Zeiten unbeschädigt zu überdauern, und nicht so leicht verdarb wie Papier oder Holz.

Noch etwas fällt an diesem Ort auf. Gegenüber der Kapelle liegt die Eingangsöffnung einer großen, breiten, nicht sehr tiefen Höhle. Man nimmt an, dass sie ein Zentrum uralter Rituale war. Wenn wir in die Höhle hineingehen und von innen nach außen schauen, sehen wir zu unserer Überraschung, daß die Kapelle von der Öffnung regelrecht eingerahmt wird.

Dieser Flecken Erde war bis vor einigen Jahren eine fast unbekannte Gegend. Nur am San Bartolomé-Tag pflegte man die Kapelle zu öffnen, und die Leute aus den nahegelegenen Ortschaften nahmen an der Wallfahrt teil.

Desde que ha sido declarado parque natural, han aumentado las facilidades de acceso al lugar y el Cañón del río Lobos se ha convertido en un paraje muy visitado. Difícilmente se puede ya experimentar la sensación de soledad que allí, hace apenas veinte años, respirábamos – invitándonos al silencio y a la reflexión – los pocos excursionistas que llegábamos hasta la ermita.

El Cid

Rodrigo Díaz de Vivar volvía victorioso a Sevilla tras una batalla. De pronto, los vecinos que se agolpaban en las calles emperazon a aclamarle, unos en árabe y otros en latín: «Sidi Rodrigo» («Señor Rodrigo»), «Campi doctor» («sabio en batallas campales»). Según se dice, como resultado de la mezcla de estas aclamaciones adquirió Rodrigo el sobrenombre de «Cid Campeador».

El Cid fue un noble guerrero castellano, nacido en Vivar (Burgos) en 1043. El joven Rodrigo se dio muy pronto a conocer por su sentido del honor cuando dio muerte al temido Conde Lozano, por haber ofendido a su anciano padre. Su fama aumentó más tarde al ser reclamado como marido por la propia hija del muerto, doña Jimena; ya que al matar a su padre la había dejado sin un varón que la protegiese.

Siendo aún muy joven fue nombrado Alférez de Castilla, lo que le llevó a actuar en combates singulares como campeón del rey. Sin embargo, las envidias despertadas entre los nobles – por su rápido ascenso, a pesar de provenir de la baja nobleza – unido a la muerte de su protector el rey Sancho II, hicieron declinar su estrella.

Seitdem man die Gegend zur Naturschutzregion erklärt hat, sind mehr praktische Zugangswege geschaffen worden und die Schlucht des Rio Lobos hat sich zu einer vielbesuchten Örtlichkeit entwickelt. Nur schwer kann man noch das Gefühl der Abgeschiedenheit erleben, das uns wenigen Ausflüglern vergönnt war, als wir vor kaum zwanzig Jahren die Kapelle erreichten und dort zu Ruhe und Besinnung fanden.

Der Cid

Rodrigo Díaz de Vivar kehrte nach einer Schlacht siegreich nach Sevilla zurück. Die auf den Straßen zusammenströmenden Einwohner begrüßten ihn jubelnd mit arabischen und lateinischen Zurufen: «Sidi Rodrigo» («Herr Rodigo») und «Campi doctor» («Weiser in der Feldschlacht»). Als Ergebnis der Mischung dieser Zurufe, so sagt man, erhielt Rodrigo den Beinamen «Cid Campeador», «Wackerer Kämpe Cid».

Der Cid, 1043 in Vivar (Burgos) geboren, war ein kastilischer Krieger adliger Herkunft. Der junge Rodrigo machte sich wegen seines Ehrgefühls schon sehr früh einen Namen, als er den gefürchteten Grafen Lozano tötete, weil der seinen alten Vater angegriffen hatte. Sein Ansehen nahm später noch zu, als er von Doña Jimena, der Tochter des Toten, gebeten wurde, ihr Ehemann zu werden: sie stand nach dem Tod ihres Vaters ohne männlichen Schutz da.

Obwohl er noch sehr jung war, wurde er zum Fähnrich (Kornett) von Kastilien ernannt. Diese militärische Stellung gab ihm Gelegenheit, sich in Einzelkämpfen als Held des Königs hervorzutun. Doch sein Stern sank, als sein Beschützer König Sancho II. starb, und weil der Adel ihm seinen schnellen Aufstieg aus niederer Adelsherkunft missgönnte.

El Cid fue desterrado de Castilla por el sucesor de Don Sancho, Alfonso VI. Durante su destierro consiguió reconquistar Valencia a los almorávides. Allí gobernó como un verdadero rey, sin querer nunca declararse independiente de su «rey y señor natural», Don Alfonso. En 1099 murió en Valencia «con gran duelo de la cristiandad y gozo de los musulmanes enemigos», según cuentan las crónicas.

El Cid es un personaje legendario e histórico al mismo tiempo. Ya en vida fue objeto de romances cantados por los juglares. En torno a su figura se han escrito numerosos poemas, leyendas, dramas y novelas. «El Cantar de Mío Cid» es la obra más importante sobre el mismo. Escrito en el siglo XII, es el poema épico más antiguo en lengua castellana. De autor desconocido, en él se narran las hazañas del Cid y se hace un retrato de la vida cotidiana de la época.

Siglos después, en su obra «Le Cid» el dramaturgo francés Corneille daría al personaje un carácter más universal. Ya en nuestros días, la película «El Cid», protagonizada por Charlton Heston, contribuiría a dar una imagen bastante americanizada del caballero castellano, más de acuerdo con los gustos del público actual.

El vino de Rioja

Para preparar una sangría excelente, junto a los demás ingredientes habituales – zumo de naranja, gaseosa, frutas, limón, canela y un poco de coñac –, debemos poner vino tinto de Rioja.

El vino de Rioja, de aroma y paladar inconfundibles, es el rey de los vinos de mesa españoles y el más conocido fuera de nuestro país.

Der Cid wurde von Sanchos Nachfolger Alfons VI. aus dem Königreich Kastilien verbannt. Als Verbannter schaffte er es, Valencia von den arabischen Almoraviden zurückzuerobern. Er regierte dort wie ein wahrhaftiger König, wollte sich aber nie von seinem «König und natürlichen Herrn», Don Alfonso, lossagen. 1099 starb er in Valencia «unter großer Anteilnahme der Christen und zur Freude der feindlichen Muselmanen», wie die Chronisten berichten.

Der Cid ist eine legendäre und zugleich historische Gestalt. Bereits zu Lebzeiten wurde er in Romanzen von Troubadouren besungen. Zahlreiche Gedichte, Legenden, Dramen und Romane sind über ihn und seinen Umkreis geschrieben worden. «Der Gesang von meinem Cid» ist das wichtigste Werk über ihn. Im 12. Jahrhundert verfaßt, ist es das älteste Heldenepos in spanischer Sprache. Darin erzählt ein unbekannter Verfasser von den Ruhmestaten des Cid und gibt eine Schilderung des Alltagslebens jener Zeit.

Jahrhunderte später schuf der Franzose Corneille in seinem Theaterstück «Le Cid» eine weltweit bekannte Heldengestalt. Vor ein paar Jahrzehnten hat der Film «Der Cid» mit Charlton Heston in der Hauptrolle eine ziemlich amerikanisierte Vorstellung von dem kastilischen Herrn auf die Leinwand gebracht: sie trifft den momentanen Publikumsgeschmack besser.

Der Wein aus Rioja

Um eine hervorragende Sangría zu bereiten, sollten wir neben den üblichen Zutaten – Apfelsinensaft, Limonade, Früchte, Zitrone, Zimt und ein wenig Kognak – Rotwein aus Rioja verwenden.

Der Rioja-Wein mit seinem unverwechselbaren Aroma und Bukett ist der König unter den spanischen Tischweinen und der bekannteste außerhalb unserer Landesgrenzen.

Su nombre lo toma de la comarca que, en su mayor parte, coincide con la Comunidad Autónoma La Rioja. Esta región, situada al Nordeste de Castilla, es una de las más pequeñas de España y la menos poblada. Aunque se la identifica en general con la producción de vino, su clima benigno le permite tener una gran variedad de cultivos, entre los que destacan sus espárragos y pimientos.

Si bien las bodegas riojanas producen vino tinto, blanco y rosado, es el tinto el más apreciado. Es un vino recio, con gran cuerpo y una elevada graduación alcohólica, que en la zona de la Rioja Baja oscila entre los 15 y los 17 grados. En la Rioja Alta los vinos tienen una graduación más suave, entre 10 y 13 grados.

El tinto riojano es un excelente compañero de cualquier guiso de carne, como las chuletas de cordero o el cochinillo al horno. Es también un vino ideal para saborearlo como aperitivo junto a un buen plato de embutidos, con jamón serrano, chorizo, salchichón y lomo.

La calidad y el prestigio del vino de Rioja dependen del tiempo que haya permanecido en reposo. Por eso el «vino de reserva», de mayor calidad, tie-

Seinen Namen hat er von dem Landkreis, der größtenteils mit der Autonomen Gemeinschaft La Rioja übereinstimmt. Diese im Nordosten von Kastilien gelegene Gegend ist Spaniens kleinste und bevölkerungsärmste Region. Sie wird meist nur mit der Weinerzeugung in Verbindung gebracht, doch das günstige Klima erlaubt eine große Vielfalt des Gemüseanbaus, bei dem Spargel und Paprika besonders zu erwähnen sind.

Die Kellereien in La Rioja stellen Rotwein, Weißwein und Roséwein her, doch wird der Rotwein am meisten geschätzt. Es ist ein fruchtig-herber Wein, reich an Körper und mit einem höheren Alkoholgehalt, der im Gebiet Niederrioja zwischen 15 und 17 Volumenprozent aufweist. In Oberrioja haben die Weine einen geringeren Gehalt, zwischen 10 und 13 Volumenprozent.

Der rote Rioja-Wein schmeckt vortrefflich zu jedem Fleischgericht, besonders zu Lammkoteletts oder Spanferkelbraten. Er ist auch ein idealer Wein zum Appetitmachen, ein Aperitif zu einem leckeren Aufschnittteller mit luftgetrocknetem Schinken, Paprikawurst, Hartwurst und kaltem Schweinebraten.

Die Qualität und das Ansehen des Rioja-Weines hängen davon ab, wie lange er gelagert worden ist. Der qualitativ bessere «Vino de Reserva» hat länger gelagert als der

ne que reposar más tiempo que el «vino de crianza». La denominación «gran reserva» se les da sólo a los vinos que, además de proceder de las mejores cosechas, han estado tres años guardados en barricas y otro año más embotellados en las bodegas.

La villa de Haro, en cuyos alrededores están situadas la mayor parte de las bodegas riojanas, es el centro vinícola más importante de la región. Su vida gira casi exclusivamente en torno al vino. Tanto es así que el día de su fiesta mayor, durante la romería a la ermita de San Felices de Bilibio, tiene lugar «la batalla del vino». Batalla incruenta, en la que miles de litros de vino de Rioja son utilizados como arma arrojadiza por los romeros. Lo que sin duda lamentará más de un espectador aficionado al buen tinto riojano.

Toledo: encuentro de tres culturas

En España viven actualmente más de 13.000 judíos y unos 175.000 musulmanes, que pueden practicar sus creencias sin temor alguno. Estas cifras son muy reducidas si las comparamos con el gran número de judíos y musulmanes que habitaban en la Península antes de su expulsión.

En 1492 los Reyes Católicos firmaron la Real Cédula que obligaba a los judíos a convertirse al cristianismo o marchar al exilio; unos años después sucedería lo mismo con los musulmanes. Muchos se convirtieron, pero otros mantuvieron sus creencias y tuvieron que salir de España, perdiéndose para siempre la convivencia que – aunque no sin dificultades – había existido entre las tres culturas, y que tuvo su máximo esplendor entre los siglos XII y XIII en Toledo.

Toledo había sido la capital del reino visigodo.

«Vino de Crianza». Die Bezeichnung «Gran Reserva» vergibt man nur an Weine aus den besten Erntejahren, die drei Jahre in Eichenholzfässern aufbewahrt und zusätzlich ein Jahr in Flaschen abgefüllt in der Kellerei gelagert worden sind.

Die Kleinstadt Haro, in deren Umgebung sich die meisten Kellereien des Rioja-Weines befinden, ist das wichtigste Weinbauzentrum des Gebietes. Das Leben dort dreht sich fast ausschließlich um den Wein. So stark, dass am Tage ihres Kirchweihfestes, während der Wallfahrt zur Kapelle von San Felices de Bilibio, die «Weinschlacht» stattfindet. Es ist eine unblutige Schlacht, bei der Tausende Liter Rioja-Wein von den Pilgern als Schleuderwaffe oder -geschoss benutzt werden. Zweifellos tut das mehr als nur einem echten Rioja-Freund, der das mit ansieht, in der Seele weh.

Toledo: Treffpunkt dreier Kulturen

In Spanien leben zur Zeit mehr als 13.000 Juden und ungefähr 175.000 Mohammedaner, die nach ihrem Glauben leben können, ohne etwas befürchten zu müssen. Diese Zahlen sind recht gering, wenn wir an die große Zahl Juden und Muselmanen denken, die auf der Halbinsel vor ihrer Vertreibung im Jahre 1492 wohnten.

In diesem Jahr unterschrieben die Katholischen Könige den königlichen Erlass, der Juden nötigte, zum Christentum überzutreten oder ins Exil zu gehen; einige Jahre später widerfuhr den Moslems das gleiche. Viele ließen sich taufen, aber viele blieben ihrem Glauben treu und verließen Spanien. Damit ging das Zusammenleben der drei Kulturen für immer verloren, das – wenn auch nicht ohne Schwierigkeiten – möglich gewesen war und seine Glanzzeit zwischen dem 12. und 13. Jahrhundert in Toledo gehabt hatte.

Toledo war die Hauptstadt des westgotischen Reiches

Tras su conquista durante la invasión islámica, emperazon a convivir en ella musulmanes y cristianos. En el siglo XI los cristianos reconquistaron Toledo, permitiendo a la población islámica – a cambio de un tributo – permanecer en la ciudad y mantener sus costumbres y religión.

Esto era entonces bastante frecuente, por parte de uno y otro bando. Incluso en los años de mayor liberalismo se llegó a detener las guerras durante el viernes, el sábado y el domingo, por respeto al día sagrado de los dos bandos contendientes y también al de los judíos, como aliados de ambos.

Entre los siglos XI y XII la cultura árabe se encontraba en un momento de gran esplendor, tanto en las ciencias como en las letras. Muchos nobles cristianos – e incluso algunos reyes – adoptaron costumbres y emplearon ropas y objetos propios de los musulmanes. Y entre estos últimos se dio a veces el caso de que emparentaran con los cristianos: así ocurrió con el temido caudillo musulmán Almanzor, al casarse con una princesa navarra.

Tras la reconquista de Toledo, acudieron allí muchos judíos que procedían del Sur islámico, convirtiéndose en una ciudad multirracial y multicultural. La cultura judía se había desarrollado, sobre todo en Al Andalus, con carácter minoritario – aunque con una importante y rica tradición propia – dentro del ambiente dominante de la cultura árabe. Por esto algunos de sus pensadores o científicos, como Maimónides, escribieron gran parte de sus obras en árabe. A pesar de ser un grupo poco numeroso, por sus conocimientos del árabe, los judíos tuvieron un papel importantísimo en la traducción de manuscritos árabes al castellano. Esta será una de las actividades fundamentales que desarrollará la Escuela de Traductores de Toledo.

gewesen. Nach der Eroberung durch die Araber begannen Muselmanen und Christen zusammenzuleben. Im 11. Jahrhundert eroberten die Christen Toledo zurück und erlaubten der islamischen Bevölkerung – allerdings gegen einen Tribut –, weiterhin in der Stadt zu bleiben und ihre Gebräuche und ihre Religion zu pflegen.

Dies war damals auf beiden Seiten durchaus üblich. In den Jahren größten liberalen Denkens unterbrach man am Freitag, Samstag und Sonntag sogar den Krieg aus Respekt gegenüber dem heiligen Tag der jeweiligen Gegner, auch dem der Juden, die teils mit den Mohammedanern, teils mit den Christen verbündet waren.

Im 11. und 12. Jahrhundert befand sich die arabische Kultur sowohl in den Naturwissenschaften als auch in den Geisteswissenschaften in glanzvoller Blüte. Viele adelige Christen – darunter auch einige Könige – übernahmen die Gepflogenheiten der Muselmanen und nahmen deren typische Kleidung und Geräte in Gebrauch.

Es kam sogar vor, daß Mohammedaner verwandtschaftliche Beziehungen mit Christen knüpften; so geschehen, als der gefürchtete Wesir Al-Mansur eine Prinzessin aus Navarra heiratete.

Nachdem Toledo von den Christen zurückerobert war, fanden sich dort viele Juden ein, die aus dem islamischen Süden herkamen, und es entstand eine Stadt vieler Völker und vieler Kulturen. Die jüdische Kultur hatte sich besonders in Al Andalus (Andalusien) entwickelt und trotz ihres Minderheitenstatus eine wichtige und reiche eigene Tradition innerhalb der arabisch geprägten Umgebung hervorgebracht. Deshalb schrieben einige ihrer Philosophen und Gelehrten, wie Maimonides, einen großen Teil ihrer Werke auf arabisch. Die Juden waren zahlenmäßig eine kleine Gruppe, spielten aber wegen ihrer Arabischkenntnisse bei den Übersetzungen arabischer Manuskripte ins Kastilische eine sehr bedeutende Rolle. Dies war wohl eine der grundlegenden Tätigkeiten, aus der sich die Übersetzerschule von Toledo entwickeln sollte.

En el siglo XII se reunieron en Toledo estudiosos de distintos países de Europa occidental con expertos representantes de las tres culturas, para traducir al latín los hallazgos filosóficos y científicos de los hispano-musulmanes y de los cristianos del país. Así los textos de Aristóteles (rescatados del olvido por los árabes, al pasarlos a su lengua) fueron traducidos al castellano y después al latín; lo que hizo posible su difusión por toda Europa. En esta época se tradujo también El Corán al castellano.

La Escuela de Traductores alcanzó su máxima actividad en el siglo XIII, con el reinado de Alfonso X, el Sabio. En su corte de Toledo el rey concedió una hospitalidad nunca igualada a sabios de las tres religiones, cuyo trabajo estimulaba y revisaba personalmente. Toledo se convirtió en el centro cultural y administrativo más importante de la Península, siendo al mismo tiempo el principal punto de contacto entre los conocimientos de Oriente y Occidente.

Según el escritor F. Díaz Plaja «La intolerancia de la edad moderna española hizo olvidar la tolerancia que había en esos mismos pueblos que se mataban aparatosamente ... unos meses al año. Cuando no lo hacían, sus relaciones eran un dechado de armonía.»

El carnaval de Santa Cruz de Tenerife

El carnaval nos hace pensar en Río de Janeiro, Venecia o Colonia. Pero sin salir fuera de España se puede disfrutar de un carnaval espectacular y con mucha tradición: el de Santa Cruz de Tenerife. Un curioso documento de 1782 (el más antiguo que se conserva del carnaval) prohibe el uso de «las

Im 12. Jahrhundert kamen Studierwillige aus verschiedenen Ländern Westeuropas mit Fachleuten aus allen drei Kulturen zusammen, um die philosophischen und naturwissenschaftlichen Schriften der spanischen Moslems und der spanischen Christen ins Lateinische zu übersetzen. Die Schriften des Aristoteles (die von den Arabern vor dem Vergessenwerden gerettet wurden, als sie sie in ihre Sprache übertrugen) wurden ins Kastilische und danach ins Lateinische übersetzt, was ihre Verbreitung über ganz Europa ermöglichte. Auch der Koran wurde damals ins Kastilische übersetzt.

Die Übersetzerschule hatte ihre Blütezeit im 13. Jahrhundert unter der Regierung König Alfons X. des Weisen. An seinem Hof in Toledo gewährte der König den Gelehrten der drei Kulturen eine Gastfreundschaft, wie es sie sonst nirgends gab; er förderte ihre Arbeit und nahm persönlich daran Anteil. Toledo wurde zum wichtigsten Kultur- und Verwaltungsmittelpunkt der Halbinsel und war gleichzeitig der hauptsächliche Austauschort für morgendländisches und abendländisches Wissen.

Der Schriftsteller F. Díaz Plaja sagt: «Die Intoleranz der modernen spanischen Zeit ließ die Toleranz in Vergessenheit geraten, die im selben Volk geherrscht hat. Seine verschiedenen Gruppen brachten sich in dramatischer Weise gegenseitig um ... aber nur einige Monate im Jahr. Wenn sie es nicht taten, waren ihre Beziehungen ein Vorbild an Harmonie.»

Der Karneval von Santa Cruz auf Teneriffa

Bei Karneval denken viele an Rio de Janeiro, Venedig oder Köln. Aber ohne Spanien zu verlassen, kann man einen aufsehenerregenden und sehr traditionsreichen Karneval erleben: den von Santa Cruz auf Teneriffa.

Ein eigentümliches Dokument von 1782 (wohl das älteste, das man vom Karneval aufbewahrt) verbietet den Ge-

máscaras disfrazando el propio sexo de las personas». A los infractores se les sancionaba con ser desnudados en plena calle, además de tener que pagar una multa e ir ocho días a la cárcel.

En esa época, en el siglo XVIII, el disfraz más usual era una simple sábana con antifaz o careta y un abanico de palma. A principios del siglo XX se pusieron de moda los «pierrots» y las «colombinas». Más tarde se extendió la costumbre (de dudoso gusto para algunos) de disfrazarse de «criada»; y unos años después se veían por todas partes hombres en pijama. Hoy en día el carnaval es el reino de los «dobles», como Charlot, Groucho Marx, Felipe Gonzalez o Fidel Castro. Las mujeres destacan por el lujo de sus trajes y sus llamativos colores: verdes, amarillos, azules y, sobre todo, rojos y rosas fucsia.

La celebración de los carnavales se interrumpió en Tenerife, como en toda España, tras la Guerra Civil. En Santa Cruz, sin embargo, a pesar de la prohibición, volvieron a celebrarse entre 1950 y 1954, año en que la policía acabó con la fiesta al cargar violentamente contra los enmascarados y detener a muchos de ellos.

El carnaval se recuperó en Tenerife en 1961, disimulado bajo el nombre de Fiestas de Invierno, para eludir la prohibición aún vigente. Curiosamente – si tenemos en cuenta que la Iglesia ha condenado siempre los excesos del carnaval – fue el obispo de la diócesis quien influyó en su recuperación.

Actualmente el «coso», o desfile principal de la fiesta, atrae a multitud de espectadores. El paso de la carroza en la que desfila la reina, con un traje deslumbrante, despierta la admiración y el entusiasmo del público.

En estas fiestas hay también concursos de com-

brauch von «Masken, die das Geschlecht der Person verbergen.» Rechtsbrecher bestrafte man mit Nacktsein auf offener Straße, außerdem mit einer Bußgeldzahlung und acht Tagen Gefängnis.

In jener Epoche, im 18. Jahrhundert, war die gängigste Verkleidung ein einfaches Laken mit Gesichts- oder Kopfmaske und ein Strohfächer. Anfang des 20. Jahrhunderts setzte sich die Mode des «Pierrot» und der «Colombine», der Figuren der Commedia dell'arte, durch. Später verbreitete sich die Gewohnheit (für einige ein zweifelhaftes Vergnügen), sich als «Dienstmädchen» zu verkleiden; und ein paar Jahre danach sah man überall Männer im Schlafanzug. Heutzutage ist der Karneval das Reich der «Doppelgänger» von Berühmtheiten wie Charlie Chaplin, Groucho Marx, Felipe González oder Fidel Castro. Die Frauen stechen mit ihren Luxuskleidern und ihren auffällig grellen Farben hervor: grün, gelb, blau und besonders Fuchsienrot und -rosa.

Die Karnevalsfeiern wurden in ganz Spanien, also auch auf Teneriffa, nach dem Bürgerkrieg untersagt. Doch ungeachtet des Verbots feierte man in Santa Cruz zwischen 1950 und 1954 wieder Karneval, bis die Polizei in jenem Jahr das Fest beendete, gewaltsam gegen die Maskierten vorging und viele von ihnen festnahm.

Auf Teneriffa lebte der Karneval 1961 wieder auf, und zwar unter dem Decknamen «Winterfest», wodurch das nach wie vor bestehende Verbot umgangen werden sollte. Seltsamerweise – wenn man bedenkt, dass die Kirche die Ausschweifungen des Karnevals immer verurteilt hat – wurde dieses Wiederaufleben ausgerechnet vom Bischof der Diözese gefördert.

Der große Umzug des Winterfestes, «el coso» genannt, lockt heute sehr viele Zuschauer an. Die Kutsche, in der die «Königin» mit einem bezaubernden Kleid vorüberfährt, löst Bewunderung und Begeisterung beim Publikum aus.

Während der Festtage werden Wettbewerbe in brasilia-

parsas de estilo brasileño, y todas las noches se pueden bailar, en los bailes del «cuadrilátero» ritmos caribeños al son de una orquesta.

El «entierro de la sardina» constituye un espéctaculo teatral que recorre las calles, con su acompañamiento de «viudos» y «viudas» el Miércoles de Ceniza. Esta costumbre simbolizaba en su origen la reacción popular frente a las penitencias cuaresmales impuestas por la Iglesia; ya que el pueblo llano ante la prohibición de comer carne, tenía que contentarse con el único pescado asequible a sus bolsillos: las sardinas.

El irresistible atractivo que ejerce el carnaval tuvo para unos presos de principios de siglo desgraciadas consecuencias. Precisamente durante los días del carnaval se fugaron de la cárcel de Santa Cruz de Tenerife y se sumergieron en la alegría popular. Tan entusiasmados estaban que decidieron quedarse a disfrutar de la fiesta. La diversión les duró poco a los pobres: les descubrieron y fueron devueltos de nuevo a la prisión.

Tapas y bares

En la Edad Media era tradición que el mesonero recibiera al hidalgo, que llegaba fatigado y sudando de su viaje, con una bebida refrescante, tapando el vaso con una rebanada de pan blanco cubierto de jamón y queso. De ahí proviene la palabra «tapa».

Seguramente el mesonero, muy listo él, no sólo pretendía que esta tapadera comestible alejara a las moscas de la bebida, sino también que le entraran ganas de comer al hidalgo. Al parecer, esta estrategia de los mesoneros ha tenido éxito, porque hoy en día en todos los bares del país, por sencillos que

nischen Tänzen veranstaltet, und nachts lädt das Orchester zum Tanz von Quadrillen und zu karibischen Rhythmen ein.

Am Aschermittwoch wird «die Sardine begraben»: Theatralisch wird eine überdimensionale Pappsardine in Begleitung von «Witwern» und «Witwen» durch die Straßen getragen. Diese traditionelle Sitte symbolisiert ursprünglich die allgemeine Reaktion auf die von der Kirche auferlegte bevorstehende Fastenzeit; denn das einfache Volk muss sich nun in den Wochen, in denen es verboten ist, Fleisch zu essen, mit dem einzigen Fisch, der für arme Geldbeutel erschwinglich ist, zufriedengeben.

Der unwiderstehliche Reiz, den der Karneval ausübt, wurde Anfang des Jahrhunderts einigen Strafgefangenen zum Verhängnis. Sie waren ausgerechnet zur Karnevalszeit aus dem Gefängnis von Santa Cruz de Tenerife entwichen, und nun mischten sie sich in den Trubel. Sie waren so begeistert, dass sie beschlossen zu bleiben, um das Fest auszukosten. Doch der Spaß war den Ärmsten nicht lange vergönnt: sie wurden entdeckt und wieder ins Gefängnis eingeliefert.

Tapas und Bars

Im Mittelalter war es Tradition, dass der Gastwirt den Ritter, der von seiner langen Reise erschöpft und schwitzend ankam, mit einem erfrischenden Getränk empfing. Dabei war das Glas von einer mit Schinken und Käse belegten Scheibe Weißbrot abgedeckt (tapado). Von da leitet sich das Wort «tapa» her: Häppchen.

Sicherlich beabsichtigte der gewitzte Gastwirt nicht nur, dass dieser essbare Deckel die Fliegen von dem Getränk fernhalte, sondern der sollte auch den Appetit des Ritters anregen. Diese Strategie der Gastwirte scheint Erfolg gehabt zu haben, denn heutzutage werden in allen Bars im

sean, se preparan tapas muy diversas y los clientes las piden junto con la bebida, como algo que se da por supuesto.

El ir de tapas, o sea «tapear», se ha convertido en algo cotidiano. Los amigos se encuentran antes de la comida, después del trabajo o, bastante tarde, antes de la cena. «Vamos a tomar algo», se dice, lo que significa ir de bar en bar bebiendo y tomando tapas.

Es viernes. En Triana, un barrio de Sevilla, unos amigos se encuentran en el bar «Manolo». El bar es famoso debido a las tapas, que están expuestas encima de la barra, protegidas por vitrinas de cristal, bien visibles y muy apetitosas: alcachofas al vinagre, croquetas de pollo, mejillones rellenos, tortilla de patatas, ensaladilla rusa, albóndigas y almejas en salsa de tomate, pinchos morunos y almendras tostadas.

Apenas han pedido, el camarero les trae las copas llenas, les pone pan, servilletas y palillos en la mesa y, poco después, les sirve las tapas en platos pequeños. Entonces empiezan: cada uno pincha algo con el palillo y prueba lo que le gusta. Cuando han terminado Elena quiere pagar. «¡Ni hablar, pago yo!», la interrumpe Carlos, quien no ha visto a sus amigos desde hace mucho tiempo.

El grupo se dirige hacia el bar «La Perla». Como allí todas las mesas están ya ocupadas, se quedan de pie en la barra o se sientan en los taburetes. Esta vez piden raciones de calamares, pimientos asados en aceite, pescaditos fritos y patatas bravas. Hablan un poco de todo, cambiando de tema constantemente, y algunos miran la televisión, que transmite un partido de fútbol. Elena paga esta ronda.

Al bar «La Bota» sólo van a beber algo porque las tapas no tienen buena fama, pero les gusta la música y, además, allí suelen encontrarse con otros

ganzen Land, wie einfach sie auch sein mögen, die verschiedenartigsten Häppchen zubereitet und vom Gast fast wie selbstverständlich zum Getränk bestellt.

«Tapas-essen-gehen» ist heute etwas ganz Alltägliches. Freunde treffen sich vor dem Mittagessen, nach der Arbeit oder ziemlich spät vor dem Abendessen. «Lasst uns noch etwas trinken gehen», sagt man, und das bedeutet, von Bar zu Bar zu gehen und in jeder Bar eine Kleinigkeit zu trinken und zu essen.

Es ist Freitag. In Triana, einem Viertel in Sevilla, treffen sich einige Freunde in der Bar «Manolo». Die Bar ist berühmt für ihre Tapas, die in gläsernen Vitrinen auf der langen Theke sehr appetitanregend ausgestellt sind: in Essig eingelegte Artischocken, Kroketten aus Hühnerfleisch, gefüllte Miesmuscheln, spanisches Kartoffelomelette, bunter Mayonnaisesalat, Hackbällchen oder Venusmuscheln in Tomatensauce, Fleischspieße und geröstete Mandeln.

Kaum haben sie bestellt, bringt der Kellner die gefüllten Gläser. Dazu gleich Brot, Servietten und Zahnstocher. Und kurz darauf, auf kleinen Tellern, die Tapas. Nun geht es los: jeder spießt mit seinem Zahnstocher etwas auf und probiert, was ihm gefällt. Nach dem Imbiss möchte Elena alles zusammen bezahlen, «Kommt gar nicht in Frage! Ich bezahle!», unterbricht Carlos, der seine Freunde lange nicht gesehen hat.

Die Gruppe steuert nun die Bar «La Perla» an. Da alle Tische bereits besetzt sind, bleiben sie am Tresen stehen oder setzen sich auf die Barhocker. Diesmal bestellen sie Tintenfisch, eingelegte rote Paprika, kleine gebratene Fische und scharf angemachte Kartoffeln. Sie reden über dies und jenes, wobei sie ständig die Themen wechseln, und manche sitzen vor dem Fernseher, der gerade ein Fußballspiel überträgt. Diese Runde bezahlt Elena.

In die Bar «La Bota» gehen sie nur, um etwas zu trinken, weil die Tapas dort keinen so guten Ruf haben, aber ihnen gefällt die Musik in dieser Bar, und außerdem treffen sie

amigos. Al final siempre la misma lucha por pagar la cuenta: «¿Cuánto le debo?» «¡No!, ¡pago yo, me toca a mi!» Tranquilamente contesta el camarero, haciendo un guiño hacia Alejandro: «Ya está pagado.»

Charlando alegremente salen del bar y se dirigen hacia otro. Una nueva ronda va a empezar.

Los Reyes Magos

Es el día 5 de Enero. Las calles engalanadas con adornos navideños son un auténtico hervidero de niños, acompañados de sus padres y familiares. Falta poco para las 7 de la tarde y todos se dirigen a presenciar la gran cabalgata de los Reyes Magos.

«¡Ya llegan!» Primero la carroza de Melchor, después la de Gaspar y por último la del rey negro, Baltasar. Exactamente en el mismo orden en que los niños han colocado a los Reyes de cerámica de su Belén. En las caras de los más pequeños se refleja el asombro y la emoción ante la esperada llegada de los Magos. Pues esa noche, como todos los años, dejarán junto a sus zapatos los juguetes que les han pedido en sus cartas.

La tradición de los Reyes Magos que regalan juguetes a los niños está muy arraigada en España. Su origen lo tiene en la Biblia:

«Habiendo, pues, nacido Jesús en Belén de Judá, ... he aquí que unos Magos vinieron de Oriente a Jerusalén, preguntando: ¿Dónde está el nacido rey de los judíos? Porque nosotros vimos en Oriente su estrella y hemos venido con el fin de adorarlo ... Y hallaron al niño con María su madre, y postrados le adoraron, y abiertos sus cofres, le ofrecieron presentes de oro, incienso y mirra.» (San Mateo)

dort meistens andere Freunde. Und am Schluss gibt es wieder die gleichen kleinen Kämpfe ums Bezahlen: «Was macht das alles zusammen?» «Nein, ich bezahle! Ich bin dran!» Seelenruhig antwortet der Kellner mit einem Augenzwinkern zu Alejandro: «Es ist schon alles bezahlt.»

Fröhlich und laut redend, verlassen sie die Bar und steuern eine andere an. Eine neue Runde kann beginnen.

Die Heiligen Drei Könige

Es ist der 5. Januar. In den mit Weihnachtsschmuck gezierten Straßen wimmelt es von Kindern in Begleitung ihrer Eltern und Verwandten. Bald ist es sieben Uhr abends, und alle kommen aus den Häusern, um den Umzug der Heiligen Drei Könige zu erleben.

«Da kommen sie!» Zuerst die prachtvolle Kutsche von Melchior, dann die von Kaspar und zuletzt die vom schwarzen König Balthasar. Genau in der Reihenfolge, wie die Kinder die kleinen Könige aus gebranntem Ton in der Krippe aufgestellt haben. In den Gesichtern der Kleinsten spiegeln sich Erstaunen und Aufregung über die erwartete Ankunft der Weisen. Denn in dieser Nacht, wie in jedem Jahr, werden sie die Spielsachen, die sich die Kinder in ihren Briefen gewünscht haben, neben die Schuhe legen.

Die Tradition der Heiligen Drei Könige, die den Kindern Spielsachen schenken, ist in Spanien sehr verwurzelt. Ihren Ursprung hat sie in der Bibel:

«Da Jesus geboren war zu Bethlehem im jüdischen Lande ... siehe, da kamen Weise aus dem Morgenland nach Jerusalem und sprachen: Wo ist der neugeborene König der Juden? Wir haben seinen Stern gesehen im Morgenland und sind gekommen, ihn anzubeten ... Und sie fanden das Kindlein mit Maria, seiner Mutter, und fielen nieder und beteten es an und taten ihre Schätze auf und schenkten ihm Gold, Weihrauch und Myrrhe.» (Matthäus 2)

Los más pequeños creen que desde entonces los Reyes Magos continúan llevando regalos a todos los niños del mundo.

Tras la emoción de la cabalgata, donde comprueban que los Reyes Magos son una realidad, los niños vuelven a casa. Allí podrán contemplar de nuevo su llegada en los infomativos de la televisión. Por la noche apenas podrán dormir, esperando con impaciencia la llegada de los Magos. El insomnio de algunos les permitirá oír el ruido que hacen «los Reyes» al poner los juguetes.

Nada más levantarse, los pequeños correrán ilusionados hacia el lugar donde dejaron sus zapatos. La mañana del 6 de Enero será para ellos la más bonita del año.

Carmen

Todos los años, el 16 de Julio, se celebra una curiosa fiesta en algunas localidades costeras españolas. Los pescadores desfilan por el puerto en sus barcas, engalanadas con banderitas y guirnaldas de colores, con acompañamiento de música y tracas. En una barca llevan una imagen de la Virgen: la Virgen del Carmen, patrona de los pescadores, en cuyo honor se celebra la fiesta.

La Virgen del Carmen es también patrona de muchos pueblos y ciudades de España, por lo que desde siempre su nombre ha sido uno de los más habituales en nuestro país.

Fuera de España el nombre de Carmen evoca inmediatamente el de la famosísima ópera de Georges Bizet y es símbolo, por tanto, de la mujer española vehemente y apasionada.

La ópera «Carmen» está basada en la novela corta que escribió el francés Merimée en el siglo

Die ganz Kleinen glauben, dass die Heiligen Drei Könige seitdem unermüdlich allen Kindern der Welt Geschenke bringen.

Nach aufregenden Umzug, bei dem die Kinder mit eigenen Augen sehen, dass es die Heiligen Drei Könige tatsächlich gibt, kehren sie nach Hause zurück und können dort noch einmal deren Ankunft in den Fernsehberichten anschauen. Nachts können sie dann kaum schlafen, ungeduldig erwarten sie die Ankunft der Heiligen Drei Könige. Die Schlaflosigkeit lässt einige sogar die Geräusche hören, die «die Könige» beim Hinlegen der Geschenke machen.

Kaum sind die kleinen Kinder aufgestanden, laufen sie gespannt los – dorthin, wo sie ihre Schuhe hingestellt hatten. Der Morgen des 6. Januar ist für sie der schönste Tag im Jahr.

Carmen

Jedes Jahr am 16. Juli wird in einigen Küstendörfern Spaniens ein sehenswertes Fest gefeiert. Die Fischer fahren mit ihren Booten, die sie reich mit Flaggen und bunten Girlanden verziert haben, durch den Hafen, wobei sie von Musik und Feuerwerk begleitet werden. Auf einem Boot transportieren sie eine Heiligenfigur: die Jungfrau Maria del Carmen, Schutzpatronin der Fischer, zu deren Ehren das Fest gefeiert wird.

Die Jungfrau Maria del Carmen ist ebenso die Schutzpatronin vieler Dörfer und Städte Spaniens, weswegen ihr Name schon immer einer der häufigsten im Land gewesen ist.

Außerhalb Spaniens ruft der Name Carmen unwillkürlich die weltberühmte Oper von Georges Bizet ins Bewusstsein und scheint gleichzeitig ein Symbol für die temperamentvolle und leidenschaftliche spanische Frau zu sein.

Die Oper «Carmen» stützt sich auf die von dem Franzosen Mérimée im letzten Jahrhundert geschriebene No-

pasado. Merimée, como otros muchos escritores extranjeros de la misma época, quedó prendado de la España de bandidos, toros y crímenes pasionales que aún entonces existía en la realidad.

En la novela, el sargento Don José Lizarrabengoa encuentra a la orgullosa gitana Carmen, que trabaja en la tabacalera de Sevilla. Se enamora de ella, por lo que, prescindiendo de su deber como sargento, ayuda a Carmen a fugarse en vez de detenerla. Esto le cuesta su posición y su honor. Para estar más cerca de ella, se une a gitanos dedicados al contrabando de tabaco. Sin embargo, Carmen no quiere atarse para siempre al sargento. Tras hacerle varios desplantes, vuelve de nuevo con él; pero reconoce que pertenece a su marido, quien acaba de salir de la cárcel y ha vuelto con la banda de contrabandistas. Don José mata al marido y quiere convencer a Carmen de que se vaya con él a América, pero no lo consigue. Ella, para librarse de sus requerimientos, coquetea con un torero; pero entonces Don José no apuñala al rival, sino a la misma Carmen.

Todavía hoy en día muchos extranjeros esperan encontrar en las mujeres españolas una representación de la «Carmen» de Merimée, con su carácter indómito y orgulloso y su fuerte temperamento. La realidad actual es distinta (al menos aparentemente). La española de hoy es una mujer moderna y europea, cuyos héroes ya no son toreros, ni mucho menos militares, sino más bien banqueros u otros profesionales de éxito.

De vez en cuando, sin embargo, salta a los titulares de la prensa la relación apasionada entre alguna conocida cantante folklórica y un famoso torero. Acaso el viejo mito de Carmen se resiste a morir totalmente.

velle. Mérimée, so wie viele andere ausländische Schriftsteller seiner Zeit, stand ganz unter dem Eindruck des Spaniens der Räuber, der Stierkämpfe und der Verbrechen aus Leidenschaft, das damals noch Wirklichkeit war.

In der Novelle begegnet der Dragonerkorporal Don José Lizzarrabengoa in Sevilla der stolzen Zigeunerin Carmen, die in einer Tabakfabrik arbeitet. Er verliebt sich in sie und versäumt ihretwegen seine Korporalspflicht, indem er Carmen, statt sie zu verhaften, zur Flucht verhilft. Das kostet ihn seinen Posten und sein Ansehen. Um näher bei der Geliebten zu sein, gesellt er sich zu Zigeunern, die Tabakschmuggel betreiben. Doch Carmen will sich nicht auf Dauer an Don José binden. Sie brüskiert ihn, dann kokettiert sie wieder mit ihm, dann bekennt sie sich zu ihrem Ehemann, der soeben, aus dem Gefängnis entlassen, zu den Schmugglern stößt. Don José ersticht den Ehemann und will Carmen dazu bewegen, mit ihm nach Amerika zu gehen – aber er schafft es nicht. Carmen, um ihn abzuschütteln, flirtet demonstrativ mit einem Torero; und diesmal ersticht Don José nicht den Rivalen, sondern sie selber: Carmen.

Viele Ausländer erwarten heute, die Verkörperung der «Carmen» von Merimée in der spanischen Frau vorzufinden: ihren unbeugsamen und stolzen Charakter und ihr starkes Temperament. Die heutige Wirklichkeit ist anders – zumindest äußert sie sich anders. Die Spanierin von heute ist eine moderne europäische Frau. Ihre Helden sind nicht mehr Stierkämpfer und noch viel weniger Soldaten, sondern eher leitende Bankangestellte oder andere erfolgreiche Berufstätige.

Allerdings tauchen in der Presse immer wieder Meldungen über eine Liebesbeziehung zwischen einer bekannten Folkloresängerin und einem berühmten Torero auf. Möglicherweise sträubt sich der alte Mythos der Carmen, ganz auszusterben.

Inhalt

Datos geográficos · Geografische Angaben   6 · 7
La España de las Autonomías · Spaniens Autonomien
   8 · 9
Las lenguas de España · Die Sprachen Spaniens   12 · 13
Dos besos como saludo · Zwei Begrüßungsküsse   14 · 15
La paella · Die Paella   18 · 19
La Feria de Abril de Sevilla · Die Feria de Abril von Sevilla
   20 · 21
Cristóbal Colón · Christoph Kolumbus   24 · 25
Los amantes de Teruel · Die Liebenden von Teruel   26 · 27
Los romanos en España · Die Römer in Spanien   30 · 31
La siesta · Die Siesta   32 · 33
Las Ramblas de Barcelona · Die Ramblas von Barcelona
   32 · 33
El camino de Santiago · Der Jakobsweg   36 · 37
Las conchas de Santiago · Die Jakobsmuscheln   40 · 41
Mallorca · Mallorca   44 · 45
En torno al «por favor» · Bitte!   46 · 47
Don Quijote · Don Quijote   50 · 51
La noche de San Juan · Die Sankt-Johannis-Nacht   54 · 55
Castilla: tierra de castillos · Kastilien, Land der Burgen
   56 · 57
Los horarios españoles · Spanische Uhrzeiten   60 · 61
El aceite de oliva · Das Olivenöl   62 · 63
Los Reyes Católicos, Carlos V y Felipe II · Die Katholischen Könige, Karl V. und Philipp II.   66 · 67
Las Fallas de Valencia · Die Fallas von Valencia   70 · 71
La universidad de Salamanca · Die Universität von Salamanca   72 · 73
Romance del Conde Olinos · Romanze des Grafen Olinos
   74 · 75
Los toros · Der Stierkampf   78 · 79
El castellano o español · Kastilisch oder Spanisch   80 · 81
Madrid · Madrid   84 · 85

Música y bailes españoles · Spanische Musik und Tänze 88 · 89
La enigmática ermita de San Bartolomé · Die geheimnisvolle Kapelle von San Bartolomé 90 · 91
El Cid · Der Cid 94 · 95
El vino de Rioja · Der Wein aus Rioja 96 · 97
Toledo: encuentro de tres culturas · Toledo: Treffpunkt dreier Kulturen 100 · 101
El Carnaval de Santa Cruz de Tenerife · Der Karneval von Santa Cruz auf Teneriffa 104 · 105
Tapas y bares · Tapas und Bars 108 · 109
Los Reyes Magos · Die Heiligen Drei Könige 112 · 113
Carmen · Carmen 114 · 115